仕事の悩みを
あの手この手で解決する!

世界最高峰CEO
43人の
問題解決術

桑原晃弥
Teruya Kuwabara

KADOKAWA

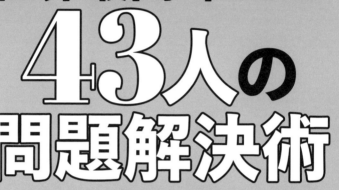

はじめに

筆者がアップルの創業者スティーブ・ジョブズをはじめとするアメリカの起業家たちに関心をもつようになって、20年近くになります。多くの時間を名起業家、名ＣＥＯ（Chief Executive Officer 最高経営責任者）と呼ばれる人々の研究に割いてきました。

誰もが知るようなＣＥＯといえば、率いる企業は今や大企業であり、経営者としても大成功したとされる起業家たちですが、創業の物語はたいていたい孤独な戦いであり、困難の連続です。

なかには「よくこの状態から始めたな」と思うほど無茶なスタートを切った人もいます。そして、スタートしたはいいものの「生き残るか潰れるか」という崖っぷちでぎりぎりの選択を迫られ、その時の選択が間違っていたら、あるいはそこで「もうダメだ」と諦めたとしたら、今はなかっただろうというシーンをほぼ全員が経験しています。逆に、普通であれば意気消沈してＵターンしそうなところを、さらりと切り替えたことで大成功を招いた人もいます。

面白いのは、彼らは聖人君子や天才（実際、天才も多いですが）、恵まれた環境で育った人ばかりではまったくなく、みな泥臭く、まるで自分や自分の隣で働く同僚と同じような悩みや壁にぶつかり、行き詰まったり苦悩したりしていることです。天下に名のとどろくCEOといっても、当たり前のことながら、人間なのです。

人生は選択の連続であるというのはよく言われることですが、それは起業家に限らず、日々の仕事や人生に勤しむ私たちにとってもまったく同様のことが言えます。本書では、「この場面であなたならどうするか」を考えてもらいやすいよう、すべての項目にポップアップをつけています。

特に、2020年に始まったパンデミック以降、学校でも職場でもオンライン授業やテレワークが増えたことで、人との交流が薄れた人も多いと思います。2年制の短大や専門学校では入学から卒業まで同級生たちとほとんど顔を合わせないままに卒業した方もいるほどですし、本来、上司や先輩との関係がとても大切な時期である企業の新入社員も、なかなか顔を合わせる機会がなかったというのが実情です。

イノベーションや問題解決のためには人同士が交流することが肝要だと言われます。何かを思いついた時や、壁にぶつかった時にそばにいる誰かと話をしたり、相談したり、あるいは雑談をするなかから発見や気づきが生まれ、「これはいけるよ」というみんなのひと言が前に進む力を与えてくれるからです。

その意味では、パンデミックでのオンライン授業やテレワークはこうした機会を奪うとともに、仕事や人生についての悩みを抱えた時、気軽に相談する機会も奪ったのかもしれません。幸いにして今は収束に向かいつつあり、今後はオンラインの対人関係が進化すること、オフラインの対人関係が再び機能することを願います。

身近な人と経験を共有したり、気軽に相談しあえる環境があるに越したことはありませんが、一方で、1人の時間でも気軽に役立てていただきたいのが、名だたるCEOたち43名がぶつかった悩みと解決法をまとめた本書です。目次を見て今の自分の悩みに近いものを見つけたら、ページを開いて、「もし自分が〇〇の立場ならどうするだろう？」と考えてみてください。

本書に登場する人物の多くは大企業の創業者であり、世界的な成功をおさめた人たちばかりです。しかし、たとえばスティーブ・ジョブズが最初は「大学をたった一学期で中退した、技術も経営のノウハウも人脈もお金も何ももたない若者」であったように、誰もがかつては「何の実績ももたない若者」だったことは事実です。

そうした人たちが夢を追い、使命感にかられ、あるいは友達と盛り上がって起業して、壁にぶつかり、悩んだ末にどのような選択をし、どのように行動したのかを知ることは、多くの人にとって大いに参考になるはずです。人は成功者を見る時、とかく「成功した姿」だけを見がちですが、実際には「成功に至るためのたくさんの失敗や挫折、選択や決断」があり、そこを乗り越えたからこそ巨大な成功に至ることができたのです。本書をお読みいただければ、成功者たちが「自分たちと同じ」だと、きっと気づくはずです。

本書の人選にあたっては、海外の起業家だけを取り上げました。もちろん日本にも素晴らしい起業家がたくさんいますが、今回は、読者のみなさんが日常的に使っている海外発の製品やサービス、しかし経営者の名前は聞いたことがあるようなないような……というCEOたちに照準を合わせました。一方で、名前は知っているけれど、どんな人なのかは知らない、苦労話は聞いたことがない、という人物もいると思います。

目次を見て知らない人ばかり、知っている人ばかりだとしても、是非本編をいくつかお読みいただけたらと思います。それぞれの起業家の創業に至る経緯や創業後に起きた出来事を知ることで、その製品やサービスに一層愛着が湧いてくるかもしれません。

また、取り上げた起業家の多くは現役で活躍中のＣＥＯですが、どうしても紹介したい過去の人物や、主な肩書きがＣＥＯではない人物もほんの数名ながらいたため、一部そうした人々も含んでいます。彼らはいかにして何十年も成長し続ける企業をつくり上げることができたのか、いかにして社会を変えたのか、どんな考え方や価値観をもつ人だったのか、楽しんでいただければと思います。

もう一つ、本書では同時代に活躍する起業家、経営者たちを多く扱っているため、彼らの関係性が垣間見えるように意識しています。

たとえば、先ほど名前を挙げたアップル創業者のスティーブ・ジョブズですが、本書に登場するある起業家は、「さあ創業だ」と思ったら、同じ分野のサービスをジョブズ率いるアップルが開始したために、まさかの「ライバルはスティーブ・ジョブズ！」という状況に陥りました。

そう、北欧スウェーデン発の音楽ストリーミングサービス、スポティファイ創業者のダニエル・エクです。ジョブズも当然エクを認識し、辛辣なコメントも残していますが、エクは引きませんでした。ジョブズとは異なる哲学と信念をもち、アップルと差別化されたサービスを展開することで、見事に世界中に自分のサービスを広げることに成功しました。２０１９年には利用ユーザー数世界一という結果も出しています。

他にも、マイクロソフトを創業したビル・ゲイツと、ピンチに陥ったマイクロソフトを引き受けた3代目CEOサティア・ナデラ、さらにはゲイツとの共同創業者でありながらゲイツとの折り合いが悪くなってマイクロソフトを去ったポール・アレンも登場するなど、企業の様々なタイミングで重要な役割を担った人物たちの関係をドラマチックに、リアルに見てとることもできます。

章立ては、仕事をする人が日々悩んでいるカテゴリ別に分類しました。

第1章では「生産性やトラブルについての問題」を、第2章では「価値観や決断についての問題」を、第3章では「同僚やライバルについての問題」を、第4章では「メンタルやモチベーションについての問題」をまとめました。

世界最高峰のCEOたちが「アイデアを酷評」されたり、「ありもしないものをあると言い張って」ピンチをしのいだり、「自分はこの仕事が好きではない」と気づいたりするというのは、それだけでも新鮮な刺激を受けることと思います。解決策については、共感できるものから信じられないものまであるでしょうが、どれも思いの外シンプルなのは共通しています。

自分と似たタイプの人物、あるいは真逆だからこそ詳しく知りたいと思う人物を見つけたら、文中や巻末の参考文献を参考に、詳しく調べてみることをお勧めします。

とんでもない大成功が実は身近なアイデアから生まれていたり、ピンチに陥ってうろたえたり、頭をフル回転させたり、嫌な目に遭って悩んだりするのはみんな一緒なのだということは、きっと日々の仕事の励みになると思います。

仕事も人生も毎日色々なことが起き、いつも簡単な道のりではありませんが、壁にぶつかる度にしっかり考えて選択と決断をすることで、より充実したものにすることは可能です。

本書がそのお役に立てれば、これ以上の喜びはありません。

2023年3月

桑原晃弥

本書に登場する人物の肩書や組織の名称、
諸々の数字等は執筆当時のものです。

世界最高峰CEO 43人の問題解決術　もくじ

Chapter 1

仕事がピンチ！ 生産性やトラブルについての問題解決

Chapter 2

価値観や決断についての問題解決

どちらを選ぶべき？

Chapter 3

人間関係がキツい！ 同僚やライバルについての問題解決

Chapter 4

強くなりたい！
メンタルやモチベーションについての問題解決

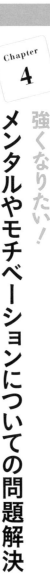

装丁　金澤浩二
本文デザイン　荒井雅美（トモエキコウ）
ＤＴＰ　エヴリ・シンク
校正　あかえんぴつ

Chapter 1

仕事がピンチ！
生産性やトラブルについての問題解決

ブライアン・チェスキー（エアビーアンドビー創業者）の悩み

いいアイデアのはずなのに、人から馬鹿にされる

File.001
Airbub

せっかくのアイデアも「それだけ？　ほかにはないの？」と馬鹿にされ、相手にされないことはありませんか？　でも、自分にはこれしかないし、何かとかやってみたいという気持ちもあります。どうすればこのアイデアを実現できるのでしょうか？

エアビーアンドビーはブライアン・チェスキー、ジョー・ゲビア、ネイサン・ブレチャージクの3人が創業した会社です。ブレチャージクは高校を卒業する頃には、オンラインで請け負った仕事で100万ドルを稼ぎ、そのお金でハーバード大学のコンピュータサイエンスを学んだエンジニアですが、チェスキーとゲビアはアメリカで最高ランクの美大と言われるＲＩＳＤ（ロードアイランドスクールオブデザイン）に学んだデザイナーです。

チェスキーとゲビアは学生時代から仲が良く、お互いに認め合う存在でした。卒業後、工業デザイ

ナーとして働き始めたチェスキーですが、在学中はアップルのデザイナー、ジョナサン・アイブのように「世界を変える」ことを夢見ていたものの、現実は思っていたものとちょっと違い、このまま世界を変えずに自分の人生は終わっていくのだろうなと思い始めていたといいます。

一方のゲビアは大手出版社のグラフィックデザイナーとして働きながら、自分でデザインしたお尻の痛くならないクッションを製造、ささやかながら成功をおさめていました。ある時、ゲビアのルームメートが突然部屋を出て行き、三部屋分の家賃を1人で負担しなければならなくなります。ゲビアはそのうちの一部屋にチェスキーを誘いますが、それでもまだ一部屋が開いています。

その時、この2人が思いついたのが、国際デザイン会議でサンフランシスコにやってくる人たち向けに空いた一部屋をホテル代わりに貸すことでした。立ち上げたのが「エアベッド&ブレックファスト」です。エアベッドを三つ用意して、一晩80ドルで泊まれる、というサービスをネットで紹介したところ、3人から予約が入り、2人は家賃を無事払うことができたのです。これが今や世界中で利用されているエアビー&ビーの始まりでした。

この通り、エアビー&ビーのアイデアは、ただ誰かに自分の部屋を貸す、というそれだけのことでした。そのため、最初は誰からも相手にされず、スタートアップ企業を支援する人たちからも馬鹿にされました。「アイデアってまさか、それだけじゃないよね」。このセリフを何度も言われたため、チェスキーはのちのちまでも「すごくよく覚えてる。頭に焼き付いて離れないんだ」と振り返っています。実際、7人の投資家にアイデアを売り込んだものの、すべて断られてもいます。せっかくのアイデアも「風前の灯」でした。

あなたならどうする？

「このアイデアは絶対に行ける！」と確信しているのに、誰も理解してくれない。それどころかそんなつまらないアイデア……と酷評される。そんな状況にあなたが置かれたら、どうしますか？

諦めきれないチェスキーとゲビア、そしてブレチャージクの3人は、3か月間、起業のノウハウを教えたり、アイデアのブラッシュアップの手助けをして、よいアイデアには投資もしてくれるという教室に入りました。教室に通う前、チェスキーは「8時に起きて夜中まで働く。休日はない。人生で初めて、一つのことに100％集中する。ダメなら別の道を進む」と決意し、まさに背水の陣で何でもやってみると決めていました。そしてその決意通り、「誰よりも早く来て、誰よりも遅くまで居残る」ことで徐々に周囲の関心を集め、さまざまなアイデアが貰えるようになります。

そこで学んだのが「何となく好きになってくれる100万人より、熱烈に愛してくれる100人を大切にする」ことや「ユーザーに話を聞く」ことでした。そのためにはただ座っているだけではどうにもなりません。

解決ポイント！

チェスキーはニューヨークに行き、これまでに自分たちのサービスを利用してくれた数少ないユーザー（ホスト）の1人ひとりを訪問、ユーザーが何を求めているのか、そのために自分たちにできることは何かを学んでいきます。

そのうえで、サイトやサービスに改良を加えていくうちにサイトを訪問するユーザーは増え、実際に利用する人も増えていったことで、週に１０００ドルの売り上げ目標を達成、教室の主宰者の助けも借りて２００９年には遂に、セコイア・キャピタルからの資金獲得に成功したのです。

何百というスタートアップを見てきた教室の主宰者はこういいました。「いかにも優秀なタイプが成功するわけじゃない。ダメなやつらだけども、一番熱心な人間が、誰よりも成功する[2]」

「知識や才覚は最高でなくてもいい。だが熱意だけは最高でなくてはならない」は、パナソニックを創業した松下幸之助の言葉です。物事がうまくいかない時、周りが動いてくれない時には、「自分の熱意は最高か？」と問いかけてみましょう。熱意は人から人に伝染し、最高のものをつくり出す力となるのです。

そして、自分の頭にあるものが最高のアイデアだと確信しているなら、周囲がなんといおうとも、足を動かし、人の意見を聞いて、ブラッシュアップし、ぜひとも実現させるべきでしょう。エアビーアンドビーのように大きく花開いたサービスも、進歩は日進月歩だったのです。

1, 2 『Airbnb Story 大胆なアイデアを生み、困難を乗り越え、超人気サービスをつくる方法』（リー・ギャラガー著、関美和訳、日経BP）

ジェームズ・ダイソン（ダイソン創業者）の悩み

最高の製品のアイデアを、どれだけ試しても実現できない

File.002
Dyson

１９４７年、イギリスのノーフォーク州に生まれたジェームズ・ダイソンは、１９５６年に古典の教師だった父親がガンで亡くなったことをきっかけに、９歳で寄宿学校に入れられています。当時のダイソンは、本人曰く、苦手なことや難しいことにわざわざ挑戦したがる意固地な子どもだったそうですが、ラテン語やギリシャ語が嫌いで、学者の道は早々に諦めています。代わりに選んだのが大好きな美術の道で、１９６５年にバイアム＝ショー美術学校に入学、１年後に王立美術大学（ＲＣＡ）に進んでいます。

在学中、ダイソンの関心は絵画から家具、インテリアデザイン、エンジニアリングへと変わっていきますが、最終的にはダイソンが人生の師、生きた手本だとするジェレミー・フライと出会い、フライの会社ロトルクに入社したことがダイソンのその後の人生を決めました。

発明家でもあるフライのやり方はアイデアを思いつくと机に向かってコスト計算をするのではなく、まずつくってみる、というものでした。ダイソンが指示された「シートラック」のアイデアを思いついたとフライに報告すると、フライはただ一言「工房の場所は知っているだろ。行ってやってこい」[1]と言うだけでした。情熱と知性があれば何でもできるし、ある方法でうまくいかなかったら、うまくいくまで他の方法を試すだけというフライの手法にすっかり魅せられたダイソンはその後の発明においても同様のやり方をするようになります。

その後、セメントを運搬する手押し車の不便さに気づき、車輪の代わりにボールを使った現代風の手押し車「ボールバロー」を発明、起業したダイソンですが、発明よりも借入金の返済を優先したい他の取締役と意見が対立し、１９７９年1月に解任されることとなりました。ボールバローの特許権も会社に譲渡していたため、文字通りすべてを失うことになったのです。

1人になったダイソンが次に挑んだのが紙パックのいらない、吸引力の衰えないサイクロン掃除機の開発です。既存の掃除機への不満から始まったアイデアですが、そのアイデアを話した前の会社の取締役は、発明を讃えることはせず、「君のアイデアはうまくいくわけないよ。もっといい掃除機があるというなら、フーバーかエレクトラックスがとっくにつくっていたんじゃないか？」[2]と皮肉っぽく言うだけでした。

1, 2, 4 『逆風野郎！ ダイソン成功物語』（ジェームズ・ダイソン著、樫村志保訳、日経BP）

そこでダイソンは、尊敬するフライと共同出資でエア・パワー・バキューム・クリーナー・カンパニーを設立、1人で試作品づくりに取りかかりますが、これがうまくいきません。

あなたならどうする?

いいアイデアがあり、「うまくいけば絶対に売れる」という自信もあるが、どんなにがんばっても「最高だ」というものができない。あなたならどうしますか? 続けるか、撤退するか……。

ダイソンは、都合3年以上にわたって試行錯誤を続けました。当時のことをこう振り返っています。

「15台目の試作機ができた時には3人目の子どもが生まれていた。2627台目の試作機の頃、妻と私はまさしくカツカツの生活だった。3727台目の試作機ができた頃、妻は生活費の足しにするため美術教室を開いていた。つらい時期だったが、一つ一つの失敗によって、問題の解決に近づくことができた。苦闘を価値のあるものにしたのは、最終的な試作品ではない。プロセス自体が意味を持っていた。私はただ努力を続けたのだ[3]」

解決ポイント!

4年間あきらめることなく改善をくり返し、試作品をつくり続けたダイソンが、最終的にやっと「100%の効率を手にした」と確信したのは、なんと5127台目の試作品の時でした。ダイソンは、成功するまで手をゆるめることなく、やり抜きました。

しかしその頃、ダイソンは住宅ローンなどを含めて15万ポンド以上の債務を抱えており、「このプ

3 「WIRED」2011年4月15日

ロジェクトを成功させるか、破産するしかなかった」[4]というぎりぎりの状態に追い込まれていました。せっかく夢の製品が完成したのに、またもやピンチです。ダイソンはフライと相談し、ついに製造ライセンスを売ることに決めますが、「自社製品が好調だから」「消費者は紙パックに慣れているから」「紙パックで儲かっているから」という理由から、どの会社も関心を示しませんでした。

ようやくその後、日本の商社エイペックスの協力を得て１９８６年３月にサイクロン掃除機「Ｇ－フォース」を日本で製造、発売にこぎ着けたところ、１台20～30万円と高額にもかかわらず、飛ぶように売れました。ダイソンは１９９３年にダイソン社を設立、自社生産に乗り出します。以来、ダイソン社は次々とヒット家電を生み続けています。

ダイソンによると、成功に必要なのは「あきらめの悪さ」と「失敗から学ぶ力」です。５０００回以上の失敗が続けば、たいていの人は諦めます。しかし、ダイソンは「失敗はうまくいかない方法を見つけただけ」と言ったトーマス・エジソンの信奉者であり、決して諦めることはありませんでした。あなたの中に確信があるのなら、諦めることなく、心から「最高だ」と思えるところに到達するまで続けることが、成功を呼び寄せるはずです。その際、「失敗から学び続ける」ことが、最後に成功できるかどうかの分かれ道になるでしょう。

フィル・ナイト（ナイキ創業者）の悩み

取引先から急に打ち切りを宣告された

File.003
NIKE

陸上競技とクロスカントリーに打ち込んでいたフィル・ナイトは、のちにオリンピック代表チームのコーチも務めた名指導者ビル・バウアーマンの指導を受けるため、オレゴン大学に進み陸上部に入部します。選手としては平凡なランナーだったナイトは、将来のことを考えてスタンフォード大学ビジネススクールの経営管理課程に進みます。そこで自分の得意分野で小規模ビジネスを始めることを想定してレポートを書くことになったナイトは、自分がよく知る競技用の運動靴市場についてまとめることにしました。

当時、アメリカではドイツのアディダスのランニングシューズが高いシェアを誇っていましたが、その品質は決して良いとは言えないうえに、価格も法外でした。ナイト自身もアディダスの靴を履いていましたが、レポートをまとめるにあたり、その牙城に迫るにはどうすればいいかを考えたのです。ヒントは日本製のカメラの優秀さでした。「日本製品は粗悪だと言われているが、低価格指向の日本メーカーが高品質のランニングシューズをつくれるなら、価格による差別化で日本が新たなマーケットを開くことになるであろう」[1]と考えたナイトは、それができるのはランナーが何を求めているかをよく知る自分しかいないと結論付けます。

本来ならこのアイデアはそこで終わり、ナイトはＭＢＡを取得したエリートとして社会に出るはずでしたが、その後も毎朝走りながら、日本に行き、靴会社を見つけて、自分のアイデアを売り込もうと考え、１９６２年のある日、「馬鹿げたアイディアだと言いたい連中には、そう言わせておけ……走り続けろ。立ち止まるな。目標に到達するまで、止まることなど考えるな。〝そこ〟がどこにあるのかも考えるな。何が起ころうと立ち止まるな」[2]と決意、日本へと向かいます。

旅をしながら情報を集め、訪問したのが「オニツカタイガー」というブランドの靴をつくっていた「オニツカ」（１９４９年創業。後のアシックス）です。ナイトは急遽思いついた「ブルーリボン・スポーツの代表」という肩書きを名乗り、スタンフォード時代に考えたアイデアを懸命にプレゼンテーションしました。約2時間のミーティングを経て、オニツカ側はナイトに「アメリカでタイガーの代理店になる気はありませんか」と持ち掛け、ナイトは50ドル（当時、１ドル３６０円）の前払い金を約束、サンプルを送ってくれるように依頼します。

1 『ジャスト・ドゥ・イット ナイキ物語』（ドナルド・カッツ著、梶原克教訳、早川書房）
2, 3, 4, 5 『SHOE DOG 靴にすべてを。』（フィル・ナイト著、大田黒奉之訳、東洋経済新報社）

1964年、12足のサンプルを手にしたナイトは、そのうちの2足をバウワーマンに送ります。バウアーマンの「あの日本のシューズだが、すごくいい。私を契約に加えてくれないか」[3]という評価に自信をもったナイトは、バウアーマンと共に、実際にブルーリボン・スポーツを設立します。「ナイキ」の始まりです。当初はオニツカのシューズを各地の陸上競技大会で売るだけで収入はあまりありませんでしたが、「打倒アディダス」の目標が揺らぐことはなく、ナイトはひたすらに成長を追い求めます。しかしナイトに危機が訪れます。オニツカがブルーリボンに代わる、より販売力がありよりコントロールがきく販売店を探し始めていると知ったのです。

あなたならどうする？

長年の取引先が取引停止を考えていることを知ったり、打ち切りを告げられたら、あなたならどうしますか？　条件を下げてでも続けてもらうか、撤退か、それとも……？

解決ポイント！

ナイトはオニツカと縁を切り、自社でシューズを製造する道を選びました。自社製造に際して新たに決めたのが、ギリシャの勝利の女神からとった「ＮＩＫＥ（ナイキ）」というブランド名です。新たな航路の前には荒波が待ち受けていましたが、ナイトはここも上手くコントロールします。

オニツカからは製品の供給を打ち切られ、手元には「最低の靴」しかないという厳しい状況でした。「最低の靴」を優れた靴に修正する必要があるのにそのための十分な時間はなく、失敗する余裕もないというギリギリの状態に追い込まれたのです。急遽本社に集められた30人の社員の表情は当然沈鬱なものでした。不安を打ち消そうと、ナイトは1972年、30人の社員を前に「これは危機じゃない。これは解放だ。私たちの独立記念日だ。そう、道のりは険しい。だが、これは勝てる戦いなんだ。そしてもし勝てば、勝利の先に素晴らしいものがある。私たちはまだ生きている。まだ終わってはいない」[4]と宣言します。これからどうやってビジネスを継続させるか、新しいナイキ製品をどう改善するかをみんなで話し合ううちに「これからの成功や失敗は私たち自身の責任、自らのアイデアとブランドにかかっている」[5]という思いを共有することができたのです。

その後、バウアーマンが考案した「ワッフルソール」や、元NASAのフランク・ルディが発案した「エア」をソールに搭載した「エアソール」を使ったシューズが大ヒットし、1980年に株式公開も果たしたナイキは、「エア・ジョーダン」の爆発的なヒットによって世界的な巨大ブランドとなっていきました。

突然ビジネスパートナーに切られるのはつらいものですが、すがるよりもいっそ自分でやればいい、そう開き直ることでゼロから歩き出すべき新たな道が見えてくることは、よくあります。せっかく自由にやるのなら、恐れを捨て、自らの信念やポリシーを見直すことも大切です。

ディートリッヒ・マテシッツ（レッドブル創業者）の悩み

絶対成功すると思った計画が、まったく思った通りに進まない

File.004
Red Bull

ディートリッヒ・マテシッツは1944年、オーストリア生まれ。父親も母親も教師という家庭で、4、5歳の頃からバイオリンを習わせられ、10歳の時にはコンサートも経験していますが、マテシッツ曰く、音楽の才能はなかったといいます。勉強も得意ではありませんでした。大学に進学したものの、母親1人に育てられたこともあり、学費のほとんどをアルバイトでまかなうため、授業に出る時間もあまりなく、卒業したのは28歳の時でした。

「経済大学では、普通は22歳で卒業します。28歳ではありません。この遅れが、その後の私の人生につきまといました。だから、40歳になってようやく独立できたのです」と話しています。

大学を卒業したマテシッツは多国籍企業のユニリーバに就職、主に子会社のブレンダックスのマネージャーとして世界を飛び回っていましたが、「目に入るのは灰色の飛行機、灰色の背広、灰色の顔。

あなたならどうする？

来年も今年と同じ生活を送るのか」[1]と自問することが多かったといいます。しかし、そんな灰色の日々に転機が訪れます。

30代後半の時、マテシッツは香港のホテルで日本の高額納税者番付を目にします。そこに載っていたのは世界的に知られたトヨタやソニーの経営者ではなく、大正製薬という聞いたことのない会社の経営者・上原正吉でした。どんな人物か調べたところ、日本で「リポビタンD」を販売していました。アジアにはこうしたエナジードリンクの市場があると知ったマテシッツは以来、さまざまなエナジードリンクを自ら試し、時差ボケなどに絶大な効果があることを体感します。

エナジードリンクに夢中になり、あらゆるドリンクを試していたマテシッツはやがて、タイにあるTC製薬社（ユニリーバのフランチャイズパートナー）が製造していた「赤い雄牛」と呼ばれるエナジードリンクに出会い、これをヨーロッパで販売しようとすぐに行動を起こします。安定した職を捨て、ドイツでタイの経営者と共同で「レッドブル社」を設立したマテシッツですが、エナジードリンクへの理解のないドイツでは1年以上待っても販売の許可が下りません。貯金も使い果たし、この計画が失敗していたら家を失い路上生活者になっていただろうと後日振り返るほどの苦境に陥ります。

すべてを賭けた企画や起業が、「もしかして、うまく行かないかも」という苦境に陥ったら、あなたはどうするでしょうか？　ポジションを失い評判が落ちるかもしれないほどの窮地です。

1　『レッドブルはなぜ世界で52億本も売れるのか 爆発的な成長を遂げた驚異の逆張り戦略』（ヴォルフガング・ヒュアヴェーガー著、長谷川圭訳、日経BP社）

マテシッツは、自分がほれ込んだエナジードリンクの販売を諦めようとはしませんでした。

1年以上経っても承認が下りないドイツでの申請を諦めたマテシッツは生まれ故郷のオーストリアに戻り、改めてオーストリアで販売の申請を行います。幸いにもこちらは数か月で許可が下り、1987年4月、ついにオーストリアでレッドブルを販売できるようになったのです。

レッドブル社の設立から既に3年近い年月が経っていました。マテシッツにとってはお金が出て行くだけの、いつ許可が下りるのかが見えない不安な日々でしたが、その間、マテシッツはただ待っていたわけではありません。ヨーロッパにおいてエナジードリンクはまったく馴染みのない商品であり、「レッドブルのための市場は存在しない。我々がこれから創造するのだ」と考えていたマテシッツは、二つのことに集中して取り組んでいました。

①タイで売れているオリジナルドリンクはヨーロッパ人の好みとは違う。だから何度も実験を繰り返した末に、基本的な成分は配合量を調整するだけにとどめつつ、そこに炭酸を加えることでヨーロッパ人好みのエナジードリンク（レッドブル）をつくり上げた。

②マテシッツ自身が実感していた「レッドブルを飲むと、誰もがとても強くなる」がどうすればユーザーに伝わるのか、広告代理店の友人と1年以上にわたり検討し続けた。追い込まれた末に生まれたのが「レッドブル、翼をさずける」というコピーだった。レッドブル成功において重要なのは

「喉の渇きを癒やす」ことではなく、「力をさずける」というイメージを売ることだった。

「完璧主義」のマテシッツは役所と交渉を進めながら、新しいエナジードリンクの魅力の追及にさらに1年半以上を費やしました。撤退するどころか、掘り進めたのです。結果、「翼をさずける」のキャッチコピーが生まれ、味も満足のいく完璧なものになります。このアイデア、この商品は絶対に成功すると信じていたマテシッツは、ピンチにあっても一切妥協せず、ひたすら前進しました。

こうしてようやく販売にこぎ着けたレッドブルですが、当初は期待通りには売れませんでした。ようやく採算がとれるようになったのは3年目のことですが、その頃には隣国のドイツをはじめ他国でも評判を呼び、密輸入のようにして製品が広まり始めました。その流れでイギリスやドイツ、ベルギーなどで許可を得たレッドブルは一気にヨーロッパ市場を制覇、遂には海を越えアメリカでも圧倒的シェアを誇ることになったのです。

解決ポイント！

計画はいつも狙った通りに進むとは限らないものです。しかし、結果的に成功を得るのは、自分のプランに自信を持ち、どれだけ苦境に陥ろうとも諦めることなく続ける人、そして「完璧」を目指し続ける人、というシンプルな法則があります。その人たちは逆境にあっても小さな成果をコツコツと追い求め、時間を無駄にしません。そしてその小さな成果の積み上げが、やがて大きな成功に結びつくのです。

File.005
Uber

トラビス・カラニック（ウーバー創業者）の悩み

ユーザーは喜んでくれるのに、行政が支援してくれない

ハイヤーやタクシー以外の自家用車のシェアなどで世界を席巻しているウーバー・テクノロジーズ（以下、ウーバー）は２００９年にサンフランシスコで誕生、創業からまだ10年余りですが、時価総額は約９兆円、世界１万都市以上で営業しています。

同社のサービスにはライドシェア、フードデリバリー（ウーバーイーツ）、宅配便、貨物輸送、電動自転車や電動スクーターのレンタルなどがあり、日本ではこのうちウーバーイーツが最もよく知られていますが、世界的には自動運転などでも優れた技術を有する「シェアリングエコノミー」の牽引役でもあります。同社を設立したのが、ギャレット・キャンプとトラビス・カラニックです。

キャンプは、自分好みのウェブサイトを見つけるスタンブルアポンを起業、会社をイーベイに７５００万ドルで売却しサンフランシスコで贅沢な暮らしを始めますが、お金があっても悩みの種

は、電話で呼んでもタクシーが来ないことでした。困ったキャンプが考えたのが、必要な時にすぐに車に乗せてもらえるサービスでした。利用者と運転手、両方が携帯にアプリをインストールし、クレジットカードを登録すれば、現金を持ち歩かなくても利用できるというウーバーのアイデアです。

そこに加わったのがカラニックです。カラニックはこのアイデアを「あのアプリを開くと、なんというか、未来に生きてる感じの体験ができる。ボタンを押すだけで車が来る」[1]と高く評価します。

当初はタクシーの配車サービスからスタートしましたが、やがて営業許可を持つタクシー会社とタクシー運転手だけではなく、一般人（ウーバーの面接あり）が自分の車を使ってタクシーと同じような仕事を請け負うことを可能にし、新しい交通インフラとしても注目される一方、タクシー業界や行政の強い反発も招いています。新しいサービスには付き物の、規制との戦いです。

あなたならどうする？

アプリを開けば簡単に車を好きな場所に呼ぶことができる。そんな自分のアイデアは最高だし、たくさんのユーザーが「いいね」と言ってもいる。しかし、肝心の行政は業界秩序を乱すことを怖れて積極的な支援をしようとしない。それどころか批判も多い――。このような状況を、あなたならどう切り抜けるでしょうか？

ここで力を発揮したのがカラニックでした。カラニックは勝ちにこだわることで知られています

1, 2　『UPSTARTS Uber と Airbnb はケタ違いの成功をこう手に入れた』（ブラッド・ストーン著、井口耕二訳、日経BP）

が、その理由にはウーバー起業前のつらい経験が影響しています。カラニックはカリフォルニア大学ロサンゼルス校在学時代に最初の会社を起業していますが、資金援助を受けた投資家やエンターテインメント業界からの莫大な金額の訴訟によって、会社が破産に追い込まれています。2001年に2社目の起業に踏み切り、2007年に会社を2300万ドルで売却して大金を手にしていますが、しかし、その間にも共同創業者やエンジニアの裏切りにあい、最初の起業からの10年間は給料ゼロという苦しい時代を経験していたのです。

成功と失敗を繰り返すジェットコースターのような人生ですが、「勝ち」へのこだわりは強く、「技術革新の過渡期には常に問題が付き物だが、社会全体では必ずプラスになる」と強気の姿勢を貫きました。

解決ポイント！

そんなカラニックが得意としたのが、行政や議会が反対するなら、ユーザーを動員し、ユーザーの支援によって勝利するというやり方です。次に述べるように少々乱暴な方法でもありますが、周囲が歩み寄りを求めても決して耳を貸すことはなく、自分の信じるやり方を押し通したのです。

カラニックは、反対するDC市議会の議員を、タクシー業界を守るのに必死だとツイッターで攻撃し、DCのウーバー利用者に、このままではサービスを提供できなくなると手紙を送りました。個人情報の観点で問題がありますが、彼らのメールアドレスまで添付したことで、数万件の抗議メールが届き、ついにウーバーは勝利をおさめます。そしてそのやり方が、世界の各都市にウーバーを広めることにつながり、ウーバーに成功をもたらすことになりました。

「問題の核心は、人々の進歩を政府がどこまで感じとり、受け入れることができるのか、だ。市議会がどうこうとか政府がどうこうという話じゃない。既存産業が政府などを説得して、私なら間違ってると思うようなことをさせているだけのことさ」[2]と、カラニックは話しています。

だからこそ新しいサービスを生み、新しい企業を成功に導くこともできたわけですが、あまりに強気すぎるカラニックの性格は、時に禍をもたらすことも少なくありませんでした。ウーバーでも、自身を含めて多くのスキャンダルが報じられた責任をとって2017年にCEOを辞任します（2019年取締役も退任）。「私はウーバーを世界の何よりも愛している。だが、辞任する。そしてウーバーは余計な問題に煩わされるのではなく、本来のビジネスに戻る」というのが、カラニックの声明でした。

カラニックには企業を成功に導く才能もあれば、いつも人々の反感を買う資質もありました。カラニックに必要なのは、あと少し人間関係を大切にする気持ちだったのかもしれません。


変化スピードの速い時代、何が正しいかは行政ではなく市民が決める、というのは大切な視点ですが、加えて、カラニックよりも倫理観や人間関係を大切にする姿勢があれば、あなたはもっと長く自分のプロジェクトや事業を続けられるかもしれません。

ケビン・システロム（インスタグラム創業者）の悩み

いいことを思いついたけれど、1人ではできそうにない

File.006
Instagram

2022年現在、世界で10億人を超えるユーザーを抱えるインスタグラムをつくり上げたケビン・システロムはスタンフォード大学の学生時代、創業1年足らずのフェイスブックの創業者マーク・ザッカーバーグ（156ページ参照）からシストロム作の「フォトボックス」を完成させるために一緒に働かないかと誘われたこともあれば、オデオ（81ページ参照）でインターンとして採用され、今まさにツイッターという新しいサービスを生み出そうとしていたジャック・ドーシーの隣で働いたこともあります。卒業後はグーグルへの就職も予定されていました。こうした出会いを通してシストロムはフェイスブックやツイッター、グーグルの創業者たちは天才ではあっても、自分と同じ不安を抱え、先が見えないままに手探りで進んでいることを理解します。そして自分はオタクでもハッカーでもないし、定量分析が得意なわけでもないけれど、起業家になれないわけでもないらしいと思うようになります。

しかし、いきなり起業家になったわけではありません。旅のノウハウを共有するウェブサイトをつくるネクストストップ社のプロダクトマネジャーとしてモバイルアプリ作成のスキルを身につけたシストロムは、夜や週末にはカフェでスマートフォン向けのアプリをつくるようになります。出来上がったのが位置情報アプリの「バーブン」です。写真の投稿などもできるアプリでした。

シストロムは大学時代、イタリアのフィレンツェに留学したことがあり、写真学の教授の指導を受けたことがあるほどカメラや写真が大好きでした。2010年1月、シストロムはバーブンのための資金を求めてマーク・アンドリーセン（ネットスケープ創業者）に会いますが、そこで投資のための条件を突き付けられます。それは、「1人で創業しようとしている会社には基本的に投資しない」というものでした。

理由は、創業者と同レベルの人間がそばにいないと、間違っていると苦言を呈する人もいなければ、もっとこうした方がいいとアイデアを出す人もいないということで、そういう会社には投資しないのがアンドリーセンの意向でした。

あなたならどうする？

仕事で何か新しいことを始めようとする時、1人ではなくチームで、という話になることがあります。あなたは人と組んだり、人の意見（時には反対意見）に耳を貸すことが得意でしょうか？

シストロムはこの意見に同意し、仲間探しを始めます。知り合いの何人かに断られたあと、頭に浮かんだのがスタンフォード大学の2年後輩のマイク・クリーガーです。

時間はかかったものの、シストロムとクリーガーは起業してバーブンの開発に取り掛かりますが、必要な資金を得ようと10人の投資家に会ったものの、誰も相手にしてくれませんでした。2人はバーブンの機能について考え直すことにします。バーブンにはいくつもの機能がありましたが、人気のあるのは三つでした。

一つは自分がどこに行くかを公開しておくと、友人が合流してくる機能。二つ目はバーブンを使うとバーチャルなご褒美がもらえる機能。そして三つ目が写真でした。

この三つについて検討した2人は「写真には可能性がある」と考えます。当時のスマートフォンではまだ質の高い写真は撮れませんでしたが、シストロムはこう考えます。「カメラを持ち歩かず、スマホだけ持ち歩く――そういう日がそのうち来ると思ったのです[1]」

解決すべき課題はありましたが、写真に全力を傾けようというのが2人の合意でした。

試作第一号は「スコッチ」と名付けられますが、それを使ったところシストロムはのちに妻となるニコール・シュッツから「自分は使わない」と言われてしまいます。

理由は「写真が良くない。見劣りする」というものでした。シストロムがスマホの限界について話し、写真をよく見せるにはフィルターアプリが欠かせないと説明したところ、シュッツに「だったら、あなたもフィルターを用意すればいいのに」[2]と言われます。これが転機となりました。

２０１０年10月、公開されたインスタグラムはまたたく間に大ヒット、ジャスティン・ビーバーがユーザーになったこともあって成長は加速し、２０１２年４月にフェイスブックが約10億ドルで買収したことでまたたく間に10億人が使うＳＮＳへと成長していくことになったのです。

解決ポイント！

システロムが大成功を収めたインスタグラムは、システロムの最初のアイデア「バーブン」とは異なるものですが、共同創業者や友人たちの対話や批判を真摯に受け止めることで、最高のアイデアへと進化したのです。

システロムは人と組むことには抵抗がありませんでしたが、バーブンは途中で方向転換する必要があったり、決めた方針もどうもしっくりこなかったりという状況に陥っています。新しいアイデアを思いついたもののいまいちピンとこなかったり、自分１人の力ではうまくいきそうにない時、必要になるのはやはり「人」と、「人の声に耳を傾けること」です。足りないところや悪いところを教えてくれる人が周りにいてこそ、小さなアイデアは最高のアイデアになるのです。

1,2 『インスタグラム 野望の果ての真実』（サラ・フライヤー著、井口耕二訳、ニューズピックス）

ドリュー・ヒューストン（ドロップボックス創業者）の悩み

ユーザーが定着してくれない！

File.007
Dropbox

クラウドストレージサービス「Dropbox」の創業者ドリュー・ヒューストンは1983年、アメリカのマサチューセッツ州で生まれています。6歳の頃、父親にもらったIBM PCjrでBASICというプログラミング言語を教わった後、8歳でPascalを学び、12歳の頃にはC言語を使ったプログラミングをしていたといいます。

コンピュータのオンラインゲームで遊びながら、「ゲームはどのように動いているのか」という仕組みに興味を持つようになり、高校卒業後にマサチューセッツ工科大学に進み、コンピュータ科学を専攻します。最初の会社を立ち上げたのは21歳の時です。「卒業式スピーチ」によると、共同設立者とヒューストンは、初めての起業ということで、市庁舎にはスーツを着ていくのか、会社の印鑑は必要なのかなどと悩んでいましたが、実際には必要事項に記入してオンラインで送るだけ。ものの2分で会社を設立することができたと言います。

そしてその後、文房具屋に寄って名刺をプリントするための用紙なども購入しますが、その時に始めた「Accolade Prep」というサービスはあまりうまくいきませんでした。内容的にはSAT受験者のための新しいオンライン講座という「いける」はずのアイデアでしたが、やがて事態は悪化し始め、どんどんやるべきことが滞り始めたのです。ヒューストンは悩みます。「私の何かがいけないのだ、と思いました。やるべきことをきちんとできない自分にいらつきました。自分の会社をやるのは長年の夢でしたが、もともと私にはできるはずもなかったことなのだ、と思い始めました」[1]

最初の起業に挫折し、次なるアイデアを探し始めたヒューストンは、2007年にビジネスアイデアに関するメモリースティックに入っていたファイルを見ようとして、家に忘れてきたことに気づきました。その時、「ユーザーがどこにいてもオンラインからアクセスできるストレージが必要だ」と思いつき、わずか2週間でつくり上げたのが「Dropbox」でした。

その時は今ほど多くのユーザーを獲得できるとは考えておらず、ユーザーが自分1人だとしても、自分の問題は解決できると考えていたといいます。自分のアイデアを引っ提げてヒューストンは、エアビーアンドビーの創業者たち（22ページ参照）も参加したYコンビネーターに参加、1人で始めるのではなく、複数で始めた方がいいといったアドバイスなどを受けます。共同創業者としてアラシュ・

1　マサチューセッツ工科大学卒業式 2013年

フェルドーシと会社を始めたヒューストンはYコンビネーターからの出資なども受けて2008年9月にサービスを開始します。

現在、6億人以上のユーザー、アメリカの「フォーチュン500社」の56%以上が利用するほどのDropboxですが、創業して間もない頃は登録したメンバーの60%がサービスの利用を停止して、二度と使わなくなるという現象に悩まされていました。再びの問題です。

あなたならどうする?

自分のつくったサービスを利用したユーザーのうち、60%もの人がしばらくするとまるで使わなくなってしまう。何が問題かわからない。あなたならこんな時、どうするでしょうか?

「さすがに、まいりました」と言うヒューストンは、理由を探ろうと現地モニターを募集します。30分で40ドルの謝礼を払うユーザビリティ・テストです。ヒューストンたちは、応募者をそれぞれコンピュータの前に座らせ、「画面に、ドロップボックスへの招待メールがあります。そこからサイトにアクセスして、ファイル共有を開始してください」と指示します。ところが、5名のテストユーザーは誰も成功しませんでした。それを見たヒューストンはこんな感想を口にします。「ほとんどの人が、ダウンロードの仕方さえわからずじまいでした。これには愕然としましたね。『なんてことだ。こいつは史上最悪じゃないか。これほど面倒くさかったのか。これじゃあ、誰だって頭を抱えるよ』って感じでした」[2]

ヒューストンたちコンピュータのプロにとっては簡単な使いやすいサービスも、ごく普通のユーザーにとっては決して使い勝手のいいものではないということがよくあります。そのため普通のユーザーは少しでも使いにくかったり、わかりにくかったりすると、「ああ、わからない、もういいや」となって使うことをあきらめてしまうものです。

解決ポイント!

ヒューストンはこうしたユーザーテストで問題を発見し、それを丁寧に解決することで、使い勝手を向上させる取り組みを続けました。同社はストレージサービスとしては後発の部類でしたが、こうした取り組みが成功、2018年には株式を公開し、今や7億人を超えるユーザーを抱えるまでに成長することになったのです。

エアビーアンドビーの創業者ブライアン・チェスキー（22ページ参照）は、ユーザーが自社サービスを「なぜ使ってくれたのか」を足を使って調べる地道な努力で成功に結び付けましたが、ヒューストンは、サービスや製品を「使ってもらえない理由」がどこにあるかをしっかりと知る努力をしました。そして改善する。その繰り返しで、ユーザーに愛されるものやサービスにつなげていくこともできる――正解は一つではありませんが、どちらの調査もサービス向上には重要です。

2 『マスター・オブ・スケール 世界を制したリーダーが初めて明かす 事業拡大の最強ルール』（リード・ホフマン、ジューン・コーエン、デロン・トリフ著、大浦千鶴子訳、マガジンハウス）

マーク・ベニオフ（セールスフォース創業者）の悩み

どうすれば自社サービスの認知度を上げられるか

File.008
Salesforce

全世界で15万社以上の企業に導入されているクラウドタイプの顧客管理ツール「セールスフォース（Salesforce）」を提供するセールスフォースの創業者マーク・ベニオフは、1964年、サンフランシスコで生まれました。衣料品の小売りチェーンを経営する父親の苦労を間近に見ながら中小企業の経営には何が必要かを理解するとともに、顧客と従業員を心から気にかけることの大切さ、「一点の曇りもない会計処理の重要性を父からたたき込まれた」[1]と言います。

同時に、自分は小売業に向いていないと早くに気づいたことで、関心は電子機器に向かいます。12歳の時には自宅の地下の部屋にこもり、さまざまな電子機器を組み立てるようになり、14歳で最初のコンピュータ「TRS80」を手に入れ、15歳の時には初めて書いたソフトウェア「ハウツー・ジャングル」が75ドルで売れたことでコンピュータのとりこになっています。16歳で「Atari800」を手に入れ

1 『トレイルブレイザー 企業が本気で社会を変える10の思考』（マーク・ベニオフ、モニカ・ラングレー著、渡部典子訳、東洋経済新報社）

たベニオフは友人と「リバティ・ソフトウェア」という会社を設立、さまざまなゲームを制作して、半年で6000ドル以上稼いだといいます。

南カリフォルニア大学に進んだベニオフはアップルでアルバイトとして働くという貴重な経験をすることになります。1984年の夏休みのことです。

その際、スティーブ・ジョブズ（1985年にアップル追放）がどのようにして開発者を叱咤激励しているか、アップルの精神をいかにして会社の隅々にまで行き渡らせようとしているかを間近で見たことが素晴らしい経験になったといいますが、翌年、ジョブズのいなくなったアップルで再びインターンとして働いたところ、「私が大好きだったアップルの夢に満ち溢れた社風が、消え失せていた」[2]と話しています。

卒業したベニオフはラリー・エリソン（100ページ参照）率いるオラクルに入社、オラクル史上最年少の副社長にまで出世しますが、入社から10年が経った1996年頃から、のちのセールスフォースにつながるアイデアについて考えるようになります。

ベニオフによると、当時の企業用ソフトウェアはインストールに半年から1年半もかかり、ハードウェアやネットワークにも多大の投資が必要でした。CD-ROMで提供されるソフトウェアパッケージは数百万ドルもしました。これでは一部の大企業しか利用することはできません。

2, 3, 4 『クラウド誕生 セールスフォース・ドットコム物語』（マーク・ベニオフ、カーリー・アドラー著、齊藤英孝訳、ダイヤモンド社）

一方、ベニオフが思い描いていたのはSaaS（Software as a Service）型のインターネットを通して利用できるソフトウェアの提供です。システムを管理するのはソフトウェア会社であり、顧客側は厄介なインストール作業などを行う必要はありません。ユーザーは少額の使用量を毎月支払うだけで、インターネットに接続さえすれば、世界中のどこでも、どのパソコンを使っても、いつでも最新のソフトウェアを利用できるというサービスでした。

このアイデアについて考えを進めるうちに、ベニオフは「インターネットベースのソフトウェアが、いずれ従来のオフライン・ソフトウェアを凌駕する」[3]と確信するようになり、「他人に頼らず、自分でこの夢を実現しよう」[4]と考えるようになったのです。1999年3月、ベニオフは3人の仲間とともに小さな賃貸マンションでセールスフォース・ドットコムを設立しますが、従来とは違う新しいサービスの提供は簡単ではありませんでした。

あなたならどうする？

使い慣れたサービスから新しい自社サービスに乗り換えてもらいたいと思ったら、あなたならどんな手を打ちますか？　広告に力を入れる？　あるいは他社よりも安い値付けをしますか？

解決ポイント！

ベニオフは、業界初の「無料トライアル」を導入、5人のユーザーに一年間、無料でサービスを利用してもらうことにしました。自分たちの製品には自信がありました。それでも業界初の製品であれば、ユーザーは本当に宣伝通りの機能があるのか、セキュリティ面は大丈夫かといった不安があるものです。そこで、ベニオフはまずは使ってもらい、ユーザーから貴重な意見をもらって製品の改善に努めることは大きな成功につながると考えたのです。

スタートから数か月、無料で利用を開始したユーザーの中から有料に切り替える顧客も出始めます。機能が期待通りであり、費用が従来のソフトに比べてずば抜けて安いことを好感しての切り替えですが、こうした成功がさらなる顧客の獲得につながることになりました。

その後、インターネットバブルが崩壊したことでベニオフに危機が訪れますが、ビジネスモデルの修正などによって危機を乗り切り、2004年6月、ニューヨーク証券取引所で上場を果たします。同社を特徴づけたのは、企業向けクラウド・サービスの先駆者であることに加え、非営利団体や慈善団体を支援するために製品の1%、株式の1%、就業時間の1%を寄付する「1-1-1モデル」に代表される、創業以来のユニークな社会貢献策でした。

初めてのサービスの利用には誰もが及び腰になるものです。「まずは使ってもらうこと」こそがきっかけづくりになるのです。まったく新しいサービスや製品で成功したいなら、使ってもらって、そこから得た反応を見ながらサービス内容や価格をチューニングしていくことが大切です。

File.009
Google

エリック・シュミット（グーグル元ＣＥＯ）の悩み

仕事でピンチに陥り、どうしたらいいかわからない

アメリカの有望なＩＴ企業に投資したベンチャーキャピタルがしばしば起業家に要求するのが、豊かな経験をもつ人間を経営者として迎え入れることです。スティーブ・ジョブズ（188ページ参照）もジョン・スカリーというプロの経営者をスカウトしましたし、イーロン・マスク（172ページ参照）も最初の会社Ｚｉｐ２で一時期、人に経営を任せたことがあります。

もちろんビル・ゲイツ（168ページ参照）やジェフ・ベゾス（72ページ参照）のように創業からずっとＣＥＯであり続けた人もいますが、グーグルが創業して間もない１９９９年春に投資したクライナー・パーキンスとセコイア・キャピタルは創業者であるラリー・ペイジ（58ページ参照）とセルゲイ・ブリンの才能を高く評価しながらも「検索エンジンを利益を上げるビジネスに変換させるために、経験豊富な業界幹部を雇う」ことを強く求めました。

優れた検索エンジンはあっても、利益を生むためのビジネスモデルを持たないグーグルに２５００万ドルを投資する以上、利益を生む企業になることは絶対条件だったのです。しかし、２人は同意はしたものの、次々と出てくる候補者を拒否、ＣＥＯ選びは難航します。約16カ月もの間、事態は進展せず、困り果てたジョン・ドウアー（クライナー・パーキンス）が、「この人物なら」と推薦したのが、エリック・シュミットでした。

ドウアーはシュミットに「こいつはちょっとした宝石なんだが、少しばかり磨いてやる必要があってね」[1]と依頼します。創業者２人との面談に臨んだシュミットは２人と「少なくとも90分は議論」、ペイジは「いつかあなたが必要になると思っています」と言い、シュミットは「会社が成長すれば、確かに私の経験が役立つだろう」と応じ、契約が成立します。

それまでどんな候補者も拒否していた２人にとってシュミットには好ましい点がいくつもありました。ワシントンＤＣの近くで生まれたシュミットはプリンストン大で電気工学を学び、カリフォルニア大学バークレー校で電気工学の修士号と計算機科学の博士号を取得していました。さらに「ＰＡＲＣ」として知られるパロアルト研究所やベル研究所に勤務した後、サン・マイクロシステムズでＪＡＶＡの開発に携わり、ノベルではＣＥＯを務めていました。

つまり、シュミットは単にＣＥＯの経験者というだけでなく、創業者２人が好むコンピュータ・サ

1 『Google誕生 ガレージで生まれたサーチ・モンスター』（デビット・ヴァイス、マーク・マルシード著、田村理香訳、イースト・プレス）

イエンティストであり、研究者としての一面も持ち合わせていたのです。それ以上に2人が注目したのがシュミットの「失敗の経験」でした。

サン・マイクロシステムズ時代、シュミットは独立型プログラミング言語のJAVAの開発を指揮してマイクロソフトに戦いを挑んでいます。その努力のほとんどは報われなかったといいますが、こうした挑戦には独立した精神が必要であり、シュミットにはそれがあること、さらにマイクロソフトとの戦いの経験は、今後、グーグルが経験するであろう同様の戦いにおいて非常に役に立つというのが2人の評価でした。

シュミットはサン・マイクロシステムズでもそうであったように、ノベルのCEOとしても厳しい戦いを経験しています。ノベルCEOの就任前、シュミットは会社の数字にあまり注意を払っていませんでしたが、就任してすぐに「会社が本物の危機に陥っている」ことを理解します。「その年の夏には『最悪の1カ月』を経験した。とにかく何をやってもうまくいかない日が続いたんだ。その1カ月間のある日、たまりかねて僕は同僚に向かって『人格を損なう前に、ともかく僕はこの状況から抜け出したい』と言った」[2]と振り返っています。

あなたならどうする?

特にリーダーの立場で、泥の沼に首まで浸かる事態に陥ったら、あなたはどうしますか? 何をしてもうまくいかない時、どんなことを心掛けるか決めているでしょうか?

2 『マスター・オブ・スケール 世界を制したリーダーが初めて明かす 事業拡大の最強ルール』(リード・ホフマン、ジューン・コーエン、デロン・トリフ著、大浦千鶴子訳、マガジンハウス)

それを聞いた友人からシュミットは「飛行機を飛ばしていたら、他のことは何も考えなくていいんだ」というアドバイスを受けます。飛行中は迅速な決断が要求されます。

一点に集中し、まずは決断をして、その結果を受け入れる。それを懸命に続ければいい。このアドバイスのお陰で、シュミットはノベルの苦しい時期を乗り越えることができたといいます。

「この状況から抜け出したい」というエピソードの後に、シュミットはこう付け加えています。「試練に直面して、初めて人は何が本当に重要なのかを学ぶものだね」。こうした経験も含めて、創業者2人にはシュミットの知識や経験が必要に思えたのです。そして2001年、シュミットはグーグルのCEOに就任。2009年、マイクロソフトが検索エンジン「Bing」を立ち上げた際、グーグルは大きな不安にかられますが、ここでは全員が検索の強化に一点集中した結果、グーグル・インスタントや画像検索などの新たな機能も生まれ、その地位を不動のものとしたのです。

解決ポイント！

仕事で何をしてもうまくいかないようなピンチに陥ってしまい、つらすぎてどうすればいいかわからない。そんな苦境に陥ったら、重大な問題一点のみに集中して、迅速な決断を何より大切にするべきです。迅速な意思決定の習慣こそ、難局を救うことになります。

ラリー・ペイジ（グーグル創業者）の悩み

資金がない

File.010
Google

アメリカのミシガン州で生まれたラリー・ペイジは、父親がミシガン州立大学でコンピュータ・サイエンスと人工知能を教える教授で、母親も大学で教えた後、データベース・コンサルタントに転身したという理系一家で育っています。兄の影響もあり、早くからコンピュータに親しみ、科学技術への関心もとても高いものがありました。

そんなペイジが強い影響を受けたのが、12歳の時に読んだニコラ・テスラの伝記です。テスラはトーマス・エジソンに匹敵するほどの天才（172ページで紹介するイーロン・マスクの「テスラモーターズ」の社名も彼にちなんでつけたもの）でしたが、エジソンほどの成功はできず、不遇な晩年を送っています。早くから「世界を変える発明をしたい」と考えていたペイジですが、テスラの生き方を知り、こう考えるようになります。「何かを発明するだけでは、まったく意味がない。社会に影響を与えるには、そ

1 『グーグル秘録 完全なる破壊』（ケン・オーレッタ著、土方奈美訳、文藝春秋）

れを世に送り出し、人々に使ってもらうことが何より重要だ。たぶん僕は十二歳のときには、いずれは会社を創ると決めていたんだ[1]」

やがてスタンフォード大学大学院に進学したペイジにチャンスが訪れます。当時、ペイジは卒業論文のために検索機能を使っていましたが、その結果にはいつも不満だらけでした。より優れた検索エンジンをつくれないかと模索し続けていたペイジはある日、夢を見ます。こう振り返っています。

「23歳のときです。夢の途中で突然、夜中に目が覚めて、こんな考えがうかびました。『もしすべてのウェブサイトをダウンロードできて、そのリンク先を記録しておけたら、どうなるだろう』。私はすぐさまペンをとり、どんどんアイデアを書いていきました。時には夢の途中で意識的に目を覚ますということも大切なのです。一晩かけて、詳しく書き出すと、これはいけると思いました[2]」

ペイジは早速、指導教官のテリー・ウィノグラード教授に相談、こう言い切ります。「ウェブサイトのダウンロードに2~3週間かかると思いますが、このアイデアは実現できると思います」

ペイジの言う「2~3週間」は絶対に不可能なことは教授もよく知っていましたが、教授は黙ってうなずきます。ペイジ自身もあえて現実的な計算をするつもりはありませんでした。ペイジが大切にしていた考え方があります。

それは「不可能に思えることには、できるだけ無視の姿勢で臨むこと[3]」という言葉です。

2 『巨大な夢をかなえる方法　世界を変えた12人の卒業スピーチ』（ジェフ・ベゾス、ディック・コストロ、トム・ハンクス、サルマン・カーン、ジャック・マー、チャールズ・マンガー、イーロン・マスク、ラリー・ペイジ、シェリル・サンドバーグ、マーティン・スコセッシ、メリル・ストリープ、ジェリー・ヤン著、佐藤智恵訳、文藝春秋）

大きな目標に向かう時、計算が先に立ちすぎると、「そんなのできっこないよ」「できるはずがない」「やるだけムダだよ」とやる前から諦めてしまいがちですが、ペイジは「こうしようと決めた目標に向かう時は、ちょっとまぬけでなくちゃいけないのさ」「できるはずがないと思われることに挑戦すべきなんだ」[4]という考えを自分の信条としていました。

ペイジによると、同じ夢でも、スケールが滅茶苦茶大きい夢のほうが実現しやすいといいます。理由は大きすぎる夢、壮大な夢に向かって本気で行動する人は滅多におらず、ライバルがおらず、競争相手もいないだけに、真剣に取り組めば、夢を実現できる可能性が高くなるからです。

とはいえ、ペイジも共同創業者のセルゲイ・ブリンも大学院を卒業して学者になることを目指していただけに、学校を辞めて、会社を起業することには不安もありました。当然、お金もありませんが、それでも2人は「次世代の検索エンジン」をつくるためにグーグルを創業します。

あなたならどうする？

周囲はお金の心配をします。「そんなものがあったらいいけれど、でもお金は？」という懸念は、新事業にはついて回るものです。当然といえば当然ですが、あなたならこんな時どうしますか？「それはそうだ」と言って諦めるか、「資金の目処が立ってから始めよう」と思うか、それとも……？

ペイジは「まあ、見ていてください。なんとかしてみせますよ」とあくまでも楽観的でした。

3, 4　『Google誕生 ガレージで生まれたサーチ・モンスター』（デビット・ヴァイス、マーク・マルシード著、田村理香訳、イースト・プレス）

解決ポイント！

そしてお金に目もくれず、みんなが使わずにいられないようなすぐれたサービスを提供することにひたすらに集中します。細かいことは考えず、まず形にする、実現することを選んだのです。それが評価され、やがて資金提供者たちが集まり始めます。教授の紹介で出会ったアンディ・ベクトルシェイムやクライナー・パーキンズのジョン・ドウアー、セコイア・キャピタルのマイケル・モーリッツといった大物たちからの資金提供もあり、グーグルの成長は一気に加速、１９９８年に創業されたグーグルは２００４年に株式公開をすることになったのです。

文字通り夢のような素晴らしいアイデアを思いついたが、それを実現するためのお金はない。どのくらいの時間がかかるかも想像がつかない。実現できるかもわからず、失敗のリスクもある――それでもそのアイデアが頭を離れないのなら、ペイジの考え方を思い出すといいでしょう。

大きな夢はたいていの場合、周囲も自分も「まあ、無理だよね」で片づけがちですが、ペイジの言う通り、大きな夢に本気で挑む人は滅多にいません。つまり大きな夢であるほど、逆説的ではありますが成功の確率が上がるともいえるのです。これは楽観的なようでいて、案外論理的な考え方ではないでしょうか。そして、104ページで紹介するマイケル・デルの成功法則と同様、「絶対無理」とされるアイデアほど、成功した時に得るものも大きくなります。

File.011
IKEA

イングヴァル・カンプラード（イケア創業者）の悩み

安い製品で顧客を満足させ、儲けるにはどうしたらいいか

イングヴァル・カンプラードは1926年、スウェーデンのエルムタリッドという辺鄙《へんぴ》な農場で生まれています。貧しい地方でした。幸いカンプラード家は祖母ファニイのがんばりもあり、苦しい生活というほどではありませんでしたが、「父さんを助けてあげられたらなあ」というのが幼いカンプラードの思いでした。そのためカンプラードは5歳の頃から商売を始めています。

5歳の時、マッチを100箱買い込んだカンプラードは周りの大人たちに一箱ずつ売って回ったのを皮切りにクリスマスカードや壁飾り、鉛筆を売りさばき、11歳の時には種物商から種を買い付けて、近所の農民に売るという商売まで行っています。そして17歳の時には早くも会社を設立しています。その時につけた名前が「IKEA」でした。

最初は外国から輸入した万年筆などの通信販売を行っていましたが、ある時、アームレスチェアを

扱ったところ大変よく売れたことで、1948年からは社員を1人雇って家具の通信販売に本格的に乗り出します。しかし、競争は激しく、品質を犠牲にして安価な家具を売ることへの消費者の不満は大きいものでした。「イケアが死ぬか、それとも顧客の信頼を得て、なお儲けを生み出す新しいやり方を見つけ出すか、残された道は二つに一つだ」[1]と考えたカンプラードは通信販売と家具の展示場を組み合わせる、当時としては画期的なやり方を考案します。

消費者はカタログを見て気に入った家具があれば、実際に展示場に行ってその家具の品質を確認します。そして納得したなら家具を注文して、家具はメーカーの工場から購入者の家に届けられるというやり方です。1953年、カンプラードはかなりの都会で鉄道の便も良いエルムフルトに家具の展示場を設置、それが成功してイケアの売上は急激に上昇、1950年代半ばには50万部ものカタログを発行するほどの成功をおさめます。

しかし、ここでも問題が生じます。通信販売で工場から家具を送る場合、傷ついたり破損する家具がとても多かったのです。そこから生まれたのが、テーブルの足をはずして平らな包装（フラットパック）で運び、組み立ては購入者にやってもらうという素人でも組み立て可能な家具づくりでした。平らな包装であれば運送費も安くなりますし、家具が傷むこともほとんどありません。

こうしたやり方はイケアの発明ではありませんが、カンプラードはそこに「とてつもないビジネス

1, 2 『IKEA 超巨大小売業、成功の秘訣』（リュディガー・ユングブルート著、瀬野文教訳、日本経済新聞出版社）

チャンスが隠されている」ことに気づき、それを徹底したことで実際に大きなチャンスを手にすることになったのです。

大量のカタログや家具の展示場、さらには本格的な家具店の設立によって急成長したイケアですが、やがて商品の補充が追い付かなくなるという大問題が起こりました。家具を安く大量に販売するイケアは既存の家具メーカーや販売業者にとっては価格破壊を進めるアウトサイダーだったのです。そのため、多くのメーカーがイケアとの取引を中止したことでイケアはどうやって家具を確保するかという問題に直面したのです。

あなたならどうする?

安い製品を届けることは、消費者にとっては喜ばれることですが、業界に煙たがられることは多いものです。あなたなら大量の家具を生産するために、どんな手を考えますか?

カンプラードは子会社をつくって家具を仕入れたり、隣国デンマークから仕入れたりと様々な工夫をしますが、それでも販売に仕入れが追い付きませんでした。

解決ポイント!

そこでカンプラードは驚きの策に出ます。共産圏のポーランドの貿易相に手紙を書き、木工業の伝統技術を持つポーランドの家具メーカーとの提携を申し入れたのです。当時の常識では絶対にありえないほどの離れ業でした。社会的な常識をも覆す一手でした。

1961年、ポーランドを訪問したカンプラードはポーランドの工場に機械類を送り、技術支援まで行うことで家具を生産、冷戦下の厳しい輸出入規制をかいくぐって大量の家具を安価に仕入れることに成功。ポーランドからの輸入に成功したことでイケアはスウェーデンの家具業者には実現不可能な価格での販売が可能になっただけでなく、インテリア雑誌による商品テストでイケアの家具は他社の高価な商品の3分の1の価格で品質面でも他社よりもすぐれていると証明されたことで圧倒的な優位性を獲得しました。

こうしてイケアは急成長を始めますが、その過程でカンプラードが常に追い求めたのが「形の美しい機能性に富んだ家具・インテリア商品を、できる限り多くの人々が購入できる手ごろな価格で、品数豊富に提供する」というものです。そして社員には「値段を下げるためならどんな苦労も厭うな。わが社の商品は常に圧倒的にお買い得でなければならない」と言い続けます。その結果、カンプラードは「彼こそは国民の家に家具を入れた男だ」という評価を得ることとなったのです。

仕事で大きな壁にぶつかった時には、普通のやり方では解決できないこともあるでしょう。そんな時は、常識的な人々なら思いつきもしないような方法にまで可能性を求めることが必要です。そしてそんな手を思いつくには、カンプラードのような強固な信念が必要です。

ロバート・ウッドラフ（コカ・コーラ元CEO）の悩み

自社にブランド力がない

File.012
Coca-Cola

「世界一の投資家」ウォーレン・バフェット（184ページ参照）が愛してやまない会社の一つが、コカ・コーラです。バフェット自身、1日に何本ものコカ・コーラを飲む愛飲者であり、その付き合いは6歳でコカ・コーラを売り始めた時から始まっているというのですからまさに筋金入りです。コカ・コーラの株であれば、株価の動きなど見る必要はないし、10年、20年どころかそれこそ永久に持ち続けたいとも話しています。

そんなコカ・コーラの圧倒的なブランドをつくり上げたのが、1980年に90歳でロベルト・ゴイズエタ（バフェットが非常に高く評価していた人物）にトップの座を譲るまで約60年間にわたって同社を牽引したロバート・ウッドラフです。

ウッドラフは同社の創業者ではありません。ウッドラフの父親が1919年にエイサ・キャンドラー一族からコカ・コーラ社を買収、1923年にホワイト・モーターズ副社長だったウッドラフを社長に任命したのです。ウッドラフは清涼飲料水業界に興味はありませんでしたし、年俸もホワイト・モーターズより安かったうえ、当時のコカ・コーラは借金だらけの厳しい経営を強いられていました。それでも確執のあった父親よりうまくやれることを示すチャンスだと考え、社長に就任したウッドラフは、会社を成長させるためにはどうすればいいか考えます。

あなたならどうする？

経営状況のよくない清涼飲料水企業には、当然ブランド力がありません。もしあなたが社長になったら、何から始め、どのようにゼロからブランド力をつけようと考えますか？

解決ポイント！

ウッドラフは壮大な計画を立てました。本格的に始まったモータリゼーションの波に乗るべく幹線道路沿いの屋外広告の看板を買いまくり、コカ・コーラの商標をあしらったカレンダーや紙ナプキンを全米中にばらまきました。すべてはコカ・コーラを国民的な飲み物にするためでした。

ウッドラフが目指したのは、すべてのアメリカ人の手の届くところにコカ・コーラがあることであり、コカ・コーラは成功に向かって進む人々の飲み物だというイメージを植え付けることでした。

さらにウッドラフは、コカ・コーラの調合法を神秘のベールに包むことにしました。たった1枚しかないオリジナルの調合文書を、父親が経営する銀行の貸金庫に預けます。調合法を知るのは重役2

人だけで、この2人が同じ飛行機に乗ることはない、といった徹底した機密保持策でコカ・コーラの神秘性を高めました。
コカ・コーラのイメージを確固たるものにしたのは第二次世界大戦中、ウッドラフがコストを度外視してどの戦地でも兵士が5セントでコカ・コーラを買えるようにあちこちの戦地に工場をつくったことでした。こう指示したといいます。「どんなにコストがかかろうとも、どの戦地でも兵士が5セントでコカ・コーラを買えるようにしろ」[1]
たとえ多くのコストがかかったとしても、会社の良いイメージを保ち、次の世代のお客を確保できるとすれば、コストは問題ではないと考えたのです。やがてたくさんの伝説が生まれました。訓練中に衝突して一命をとりとめたパイロットが意識を取り戻して最初に「飲みたい」と言ったのはコカ・コーラでした。ノルマンディーの上陸作戦を指揮したアイゼンハワーは「何か欲しいものは」と聞かれると、いつも「コークを持って来てくれ」と答えていました。記者たちの前でコカ・コーラを一気飲みしたアイゼンハワーは、もう一つ頼みがあるとして、「もう1本欲しいのだが」と付け加えることもよくありました。
彼らにとってビールはたしかに喉の渇きを癒してくれますが、コカ・コーラは故郷で過ごした日々を思い出させてくれる、友だちと一緒に飲んだ懐かしい飲み物だったのです。アイゼンハワーは戦意

1 『アメリカン・ドリームの軌跡 伝説の起業家25人の素顔』(H. W. ブランズ著、白幡憲之、鈴木佳子、外山恵理、林雅代訳、英治出版)

高揚にはコカ・コーラが決め手になるとさえ考えていたほどでした。

１９４５年には、コカ・コーラは自国以外の世界中に63か所のボトリング工場を持ち、欧米、中東、東アジアで生産を行うまでになっていました。

コカ・コーラを世界的ブランドにまで押し上げたウッドラフは１９８０年にトップの座をゴイズエタに譲りますが、１９８４年に取締役を退くまで「ザ・ボス」として同社を牽引し続けました。バフェットによると、コカ・コーラが株式を公開した１９１９年に初値40ドルで株を買った人が、途中の価格変動を無視して持ち続け、配当もすべて再投資していれば、60年余り後の１９８２年には１株１８０万ドルの価値を持つことになったといいます。コカ・コーラは戦争や恐慌に負けることなく、その「価値」を上げていたのです。


商品を販売するうえではブランド力が大切になりますが、ブランド力は最初からあるものではありません。多くの企業やサービスにとって、ブランド力とはつくるもの、育てるものです。ブランド力には、高い品質だけでなく、誰もが知る物語も必要です。単なるものではない愛着や懐かしさもあってこそブランドは生まれてくることを、ウッドラフは見事に実践してみせました。もしあなたが自社やサービス、あるいは自分のブランド力を高めたいなら、ウッドラフのやり方を真似してみるべきでしょう。

Chapter 2

どちらを選ぶべき？

価値観や決断についての問題解決

ジェフ・ベゾス（アマゾン創業者）の悩み

順風満帆な人生を捨ててまで挑戦するべきか？

File.013
Amazon

ジェフ・ベゾスは幼い頃から発明が大好きな、そして勉強のできる子どもでした。エクソンの重役となった父親の転勤に伴いマイアミのパルメット高校に入学したベゾスは、680人中トップの成績で卒業、名門プリンストン大学も首席で卒業しました。将来は宇宙へ行くという夢を叶えるためにも早くから自分の会社を興すことを夢見ていたベゾスですが、その前にビジネスの仕組みを学ぶことが必要だと考え、「プリンストンで最も優秀なコンピュータ・サイエンス専攻の卒業生」を求めていたニューヨークにあるベンチャー企業、ファイテルの11人目の社員として入社します。

同社で世界中の投資家や金融機関をつなぐグローバル・ネットワークの構築を担ったベゾスは1988年、バンカーズ・トラスト社に転職、プログラミング部門のリーダーを経て若干26歳で副社長に昇進しました。当時、金融機関の顧客は自分の口座情報を知るためには毎月郵送される文書を待つ必要がありましたが、ベゾスは「この新しいテクノロジーには自信があります。どういうものか実際にご覧にいれましょう」[1]と、周囲の反対を押し切って顧客が自分のパソコンを使って確認できるようにしました。

１９９０年、ベゾスは「完璧に開発された左脳と、やはり完璧に開発された右脳を持った人物の１人」[2]と評するデイビッド・ショーが創設したＤ・Ｅ・ショーに副社長として採用されます。そこでベゾスは発展途上であるインターネットの大きな可能性に気づきます。

１９９４年、ベゾスはインターネットが年率２３００％で成長しているという統計を見つけ、「これほどの成長にマッチするのはどのような事業計画だろうか」と考えるようになります。早い成長は、チャンスを意味します。やがて多くの人が集まる場所になることが確実なインターネット上に世界最大の小売店をつくりたいと考えるようになったベゾスですが、まずは一つの市場に集中することを決め、候補として20の商品をリストアップ、比較検討を行いました。

可能性を感じたのは、音楽と本でした。特に本にはたくさんのメリットがありました。①本を知らない人はいない、②品数が圧倒的に多い、③すべての本にはＩＳＢＮが振ってありネット販売に欠かせないデータベースをつくることができコンピュータに向いている、④仕入れが簡単、⑤圧倒的な大手が存在しない――。多くのメリットに気づいたベゾスは、「ネットで本を販売する」アイデアに自

1 『アマゾン・ドット・コム』（ロバート・スペクター著、長谷川真実訳、日経BP）
2 『Amazonをつくったジェフ・ベゾス』（ジェニファー・ランドー著、中村伊知哉監修、スタジオアラフ訳、岩崎書店）

信を持ったのです。そこでベゾスはこの計画をボスであるショーに進言しますが、却下されます。アイデアを諦めきれないベゾスは退社を決意しますが、ショーは決断を下す前に48時間かけて考えた方がいいとアドバイスします。

あなたならどうする？

あなたならどうするでしょうか？　今の仕事は花形で、稼ぎも申し分ありません。しかし目の前には、まだ誰も目をつけていない、〝自分だけが気づいている〟チャンスがあります。

ベゾスは考えた末、こう結論を出しました。「80歳になった時、１９９４年の半ばという最悪のタイミングでウォールストリートの会社を辞め、ボーナスをもらい損ねたなあと思い出すことはあり得ません。逆に、このインターネットというもの、世界を変える原動力になると思ったものに身を投じなかった場合、あの時やっておけば良かったと後悔する可能性があると思いました」[3]

同社を退社したベゾスは、すぐにシアトルに移住します。１９９４年７月に会社を設立、翌年７月からサービスを開始し、１９９７年５月には早くも株式公開を実現しています。とても順調に見えますが、退社した当時のベゾスは自分の成功確率はせいぜい30％と見ていました。

解決ポイント！

たしかにインターネットの利用者は増えているものの、インターネットで本を買うというスタイルが浸透するまでにはかなりの時間がかかると考えていたからです。一方で、「失敗を覚悟すると、心

3　『ジェフ・ベゾス 果てなき野望』（ブラッド・ストーン著、井口耕二訳、日経BP）

は軽くなるのです」と話しているように、その覚悟こそが成功につながったとも考えています。

失敗は許されないと思い込むと、大胆な挑戦ができなくなります。イノベーションには失敗はつきものであり、「失敗を許容しない会社は、最終的には絶望的な状況に追い込まれる」[4]というのがベゾスの考え方です。じっくり取り組む覚悟があれば、目先の失敗などたいしたことはない。創業以来変わらぬそんな姿勢こそが、ベゾスに驚異的な成功をもたらすことになりました。

とある日本の元プロ野球選手は、FA権を取得した当時、大リーグへの挑戦を本気で考えますが、最終的には環境が整わず諦めることになりました。その人は監督経験もありますが、大リーグを諦めたことについて、現役を辞めた今でも後悔として残っているといいます。

挑戦しても成功が約束されているわけではありませんが、ベゾスが自分が80歳になった時に振り返るところを想像し、後悔の数を最小にする決断方法を言った「後悔最小化フレームワーク」と、「失敗を覚悟すると、心は軽くなる」という考え方は、仕事だけでなく、よい人生を送るために知っておくとよいでしょう。また、今では知らぬ者のいない巨大帝国アマゾンすらも、最初はベゾス本人ですら「成功確率はせいぜい30%」と見積もっていたことも特筆すべきでしょう。最終的に夢だった宇宙旅行を実現させるまでの遥かな道のりも、成功確率30%から始まっていたのです。

4 『ベゾス・レター：アマゾンに学ぶ14ヵ条の成長原則』（スティーブ＆カレン・アンダーソン著、加藤今日子訳、すばる舎）

リード・ヘイスティングス（ネットフリックス創業者）の悩み

成功に導いてくれた社員や事業に別れを告げるべきか

File.014
Netflix

　リード・ヘイスティングスはアメリカ上流階級の出身ですが、大学を卒業した１９８３年、非営利団体の平和部隊に入隊、数学教師としてアフリカのスワジランド（現エスワティニ）で３年過ごしました。その後、大学院に進みコンピュータ・サイエンスの修士号を得て、起業した会社を４年で株式公開するなどの成功を収めます。「ポケットに10ドルだけ入れて、アフリカをヒッチハイクで横断するのに比べたら、ビジネスを始めるのはそれほど恐れるようなことではない」[1]と振り返っています。

　数年後、会社の売却により大金を手にしたヘイスティングスは、かつての部下だったマーク・ランドルフが考えた「ネットと郵便を使ってＤＶＤをレンタルするサービス」を提供するために１９９７年、ネットフリックスを創業します。当初はランドルフがＣＥＯで、ヘイスティングスは資金面の援助をして経営にはほぼノータッチでしたが、映画作品のＤＶＤを郵便で定額レンタルするというサー

1　「BUSINESS INSIDER」2020年8月19日

ビスは画期的であったものの、初めての試みだけに収益が思うように上がらない上、世界に9000店舗ものレンタルビデオ店をもつブロックバスターという巨大なライバルとの戦いもありました。やがてCEOとなったヘイスティングスは様々な困難に直面します。

2001年、アメリカではドットコム・バブルが崩壊、さすがのヘイスティングスも事業資金の調達に苦労するようになり、社員を解雇しない限り、会社としての生き残りが難しいと感じます。そして、120名の社員の3分の1にあたる40人を解雇することを考え、人事担当者と一緒に、1人ひとりの社員の会社への貢献度を評価しました。仕事のできない社員は1人もいませんでしたが、貢献度の高い社員80人と、それ以外の40人に分けます。

とはいえ、ボーダーラインの社員には苦労します。解雇組に入ったのは、①同僚や友人としては最高でも仕事ぶりは十人並みの者、②とんでもなく仕事熱心ではあっても判断力にムラがあり世話が焼ける者、③才能に恵まれ成果も上げているものの愚痴が多く後ろ向きな者、でした。

そのリストを眺めながら、ヘイスティングスは「かなりつらい経験になりそうだ」と憂鬱になったといいます。妻からは「ピリピリしている」とも言われました。

あなたならどうする？

あなたならレイオフを断行しますか？　解雇やレイオフをしなければ会社はもたないし、それをして残った社員の反発を招けば、やはり会社はもたなくなるという状況です。

解決ポイント！

ヘイスティングスは決行しました。予想通り、解雇を告げるのはつらいことの連続で、泣き出す者もいれば、怒って叫ぶ者もいました。残った社員の中には涙を浮かべる者もいました。ヘイスティングスの登場により会社の雰囲気は「家族的職場」から「競争至上主義の職場」に変わったと言われています。ヘイスティングスは解雇によって社員の士気がさらに低下すれば会社はもたないのではと心配しましたが、嵐の過ぎた会社は予想に反して空気が劇的に良くなり、情熱やエネルギー、アイデアが満ち溢れるようになったといいます。120名の中にいた凡庸なメンバーを辞めさせ、優秀な社員だけが残り、「能力の密度」が高まったことで優秀な社員にとって働きたい、やりがいのある会社に変わったからだというのがヘイスティングスの分析結果です。

以来、ヘイスティングスはこう考えるようになります。「今後のネットフリックスの最優先目標は、レイオフ後の能力密度と、それがもたらした素晴らしい効果を維持するためにあらゆる手を尽くすことだ。私自身は、受付係から最高幹部に至るまで、ネットフリックスのすべてのメンバーがパフォーマンスの面でも協調性の面でも最高の人材であるか、徹底的に目を光らせるようになった」[2]

おそらくヘイスティングスは、メンバーについてだけでなく、事業についても同じ考えを適用したのではないかと思います。危機を乗り越えて2002年5月に株式公開にこぎ着けたヘイスティング

2 『NO RULES 世界一「自由」な会社、NETFLIX』（リード・ヘイスティングス、エリン・メイヤー著、土方奈美訳、日本経済新聞出版）

スは、2007年1月、中核事業のDVDレンタルサービスからストリーミング配信サービス「インスタントビューイング」への移行を検討します。

企業にとって自らを成功へと導いてくれた事業に引導を渡すほど難しいことはありません。しかし、いつまでもその事業にこだわれば、やがて事業だけでなく企業の存在そのものが危うくなります。

「DVDにこだわると会社自体も共倒れになる」[3]と考えたヘイスティングスは、誰かに食われるぐらいなら自分で自分を食う方がいいと、タイトル数はわずか1000でしたがストリーミング配信サービスに進出します。DVDサービスを切り離そうとするもユーザーからの反発を受けて撤回しますが、ストリーミング配信と海外展開は加速させました。

以降、オリジナル作品の製作にも乗り出したネットフリックスはアカデミー賞やゴールデン・グローブ賞といった輝かしい賞も受賞、毀誉褒貶《きよほうへん》が激しいながらもコンテンツ帝国へと成長します。

これまでの成功に固執したり、多くのものを抱え過ぎると、前進スピードは遅くなります。攻めは得意だが守りや撤退が苦手な人もいます。ヘイスティングスもそうだったように、これまで共に歩んできた人や事業と決別することには大きな不安を抱くものです。しかし、何を守り何を捨てるべきかをしっかりと見極め、時には大胆に捨てることが、道を拓くこともあるのです。

3 『NETFLIX コンテンツ帝国の野望 GAFAを超える最強IT企業』(ジーナ・キーティング著、牧野洋訳、新潮社)

File.015
Twitter

ビズ・ストーン（ツイッター創業者）の悩み

ふと、「自分はこの仕事が好きじゃない」と気づいた

ツイッター社の創業者は4人います。そのうちの1人ビズ・ストーンが高校生の頃からいつも大切にしていたのが「自分が動いて自らことを起こす」ことです。成功には運と努力が欠かせません。運は自分ではどうにもできない要素ですが、チャンスを自分の手でつくり出せば、運をつかむ確率も上がるというのがストーンの考え方です。

ストーンはノースイースタン大学を経てマサチューセッツ大学に移りますが、アルバイト先のリトル・ブラウン社で手がけた本のカバーデザインが認められ、フルタイムのデザイナーとして働くために大学を中退します。その後、一緒にウェブの会社をつくろうと意気投合した友人たちと共にブログサービスの「ザンガ」を起業しますが、しばらくして退社、働きながらブログを投稿するだけという先の見えない日々が続きます。

転機は2003年、グーグルがのちにストーンと一緒にツイッター社を創業するエヴァン・ウィリアムズの会社「ブロガー」を買収したことで訪れます。ウィリアムズはそれまでオタクの遊びに過ぎなかったブログを誰もが知る存在にまで発展させた人物であり、ストーンは思い切ってウィリアムズに「人を雇う機会があればお知らせください」とメールを送ります。すると、ストーンのブログを読んでいたウィリアムズから一緒に働かないか、という連絡が入りました。しかし、グーグルは学歴を重視する会社だけに、ストーンのような中退者を採用することはまずありません。それでもウィリアムズのお陰でストーンは何とか採用され、グーグルのブログ部門で働くことになったのです。

思うような仕事に就けず、借金ばかりが増えていたストーンにとっては人生大逆転でしたが、2年後、ストーンはせっかくのストックオプションの権利を途中で放棄して「オデオ」というスタートアップに転職します。ウィリアムズが新しく会社を立ち上げ、誘われたことがきっかけでした。

当時、オデオがつくっていたのは「ポッドキャスティング」のサービスであり、ベンチャーキャピタルからの資金も得ていた「有望なサービス」のはずでしたが、2005年、アップルがiTunesにポッドキャスティング機能を加えたことで状況は一転します。アップルが本気でポッドキャスティングに取り組めば、オデオの生き残る道はありません。生き残るためにはアップルに負けないサービス、アップルが興味を示していないポッドキャスティングのソーシャルな機能を強化することが必要ですが、ストーンはこの時、さらに大切なことに気づきます。

「僕たちにはこれ（ポッドキャスト）にかけたいという思い入れがなかった。自分たちがつくっているものを好きになれなければ、自分自身が熱心なユーザーになれなければ、どんなにほかをうまく進めたとしても、その仕事はおそらく失敗する。僕は自分が興味が持てないものには取り組めない」[1]

あなたならどうする？

順調であってもそうでなくても、今自分がやっている仕事が自分は実は好きではない、夢中になれないと気づいたら、あなたはどうしますか？　もしそれが稼げる仕事や、人が羨むような仕事だったらどうでしょうか？

アップルを率いるジョブズの凄さは、徹底して「自分たちが使いたいと思う製品やサービス」をつくるところにありました。自分たちが心の底から「好き」と思えるものだからがんばれるし、がむしゃらに働くこともできるのです。「このままではダメだ」と気づいたストーンはウィリアムズに「すぱっと手を引いて、持っている資金を使って夢中になれるものを始める」ことを進言します。

解決ポイント！

そして社内でハッカソン[2]をやった結果、次にやることになったのがストーンとジャック・ドーシーがつくった「ツイッター」のアイデアです。最初は小さなアイデアでしたが、試作を試みるうちに誰もが夢中になっていきました。

1, 3　『ツイッターで学んだいちばん大切なこと　共同創業者の「つぶやき」』（ビズ・ストーン著、石垣賀子訳、早川書房）

途中、ツイッターが注目され始めたころにフェイスブックから買収の提案もありましたが、ストーンたちはオファーを断りました。理由は、自分たちが始めたこのツイッターというサービスへの情熱は立ち上げ当時と変わっておらず、自分たちでこれをやり通したかったというものでした。やがてストーンは、ツイッターの価値をこう評します。

「ジャックと僕が、朝食に何を食べたかを知らせるためにつくったツールがここまで来たのだ。ツイッターで働く社員に、自分たちのしている仕事はすごいんだとわざわざ言う必要はもうなかった」[3]

ストーンの場合、手がけていたポッドキャスティングサービスがアップル参戦により駆逐されうるという状況はあったものの、強力なライバルが登場しようがしまいが、すごいものをつくりたいなら、「心の底から好きだと思い込む」ことは欠かせません。114ページで紹介するダニエル・エク（スポティファイ創業者）の話がそれを証明しています。

すごいものをつくっていない会社の特徴は、社員さえその製品やサービスを使っていないことです。今ある製品やサービスに夢中になれないなら、自分が夢中になれるものを探して、モックアップ[4]でもいいのでつくってみるべきでしょう。もしかしたら、あなたが夢中になれる〝何か〟は、世界中の人を夢中にさせるものになるかもしれないのです。

2　hack+marathon＝新しい製品やソリューション構築のためにアイデアを出し合うイベント
4　サイズや見た目を実物通りにつくった模型や試作品

File.016
Apple

スティーブ・ウォズニアック（アップル創業者）の悩み

自分の価値観に従って行動すると、波乱が起きる

アップルの創業者というとスティーブ・ジョブズが注目されがちですが、アップルを技術面で成功に導いたのは、ジョブズと違って学生時代から誰もが天才と認めていたスティーブ・ウォズニアックです。ウォズニアックはジョブズより5歳年長ですが、ジョブズにとってウォズニアックは「自分よりもエレクトロニクスに詳しい、初めての人間」[1]であり、ウォズニアックにとってジョブズは「彼はやせすぎだったけど、エネルギーの塊って感じだった」[2]と妙に波長の合う仲間同士でした。

ある時、2人は雑誌に掲載されていた「タダで長距離電話をかけられる」デジタル式ブルーボックスをつくろうと思いつきます。ウォズニアックはその機械をまたたく間につくりあげ、材料費40ドルのブルーボックスをジョブズが150ドルで売りさばきました。100台ほどつくってほとんどを売りさばきますが、元々が違法な機械であり、危ない目にも遭ったため、やがてやめました。

1,2,3 『スティーブ・ジョブズ 無謀な男が真のリーダーになるまで 下』（ブレント・シュレンダー、リック・テッツェリ著、井口耕二訳、日本経済新聞出版）

しかし、2人にとってこの経験こそがのちのアップルにつながりました。「ブルーボックスがなければアップルもなかったと思う」がジョブズの感想なら、ウォズニアックもこう振り返っています。
「あれを売ったのはまずかったと思うけど、でも、ぼくのエンジニアリング力と彼のビジョンでなにができるのか、それがなんとなくわかったのは大きかった」[3]

やがてウォズニアックはヒューレット・パッカードで働くようになりますが、一方でコンピュータへの強い関心もあり、25歳の時にアップルⅠという個人用のコンピュータをつくり上げます。そこに目をつけたのがジョブズです。ジョブズは会社をつくり、アップルⅠを販売することをウォズニアックに提案します。これが、アップルのスタートでした。アップルⅠでささやかな成功を手にした2人は、次にウォズニアックがつくったアップルⅡで大勝負に出ることを考えます。資金を出してくれるマイク・マークラから「2年でフォーチュン500企業になるんだ」[4]と言われたジョブズは、アップルⅡをケースに入れて、あたかも家電製品のようにして販売、爆発的なヒット製品とします。パソコンの世界に一大革命を起こしたのです。

1980年、アップルは株式を公開、2人は億万長者になりますが、この時、ウォズニアックは自分の株を人に安く分け与えるという常識外の行動をしたかと思うと、大好きなカントリー音楽のためのお祭りを200万ドルかけて開催したり、ほかにもUSフェスティバルというコンサートを開催し

4, 5, 6, 7 『アップルを創った怪物 もうひとりの創業者、ウォズニアック自伝』(スティーブ・ウォズニアック著、井口耕二訳、ダイヤモンド社)

たりしました。しかし、こうしたバカ騒ぎを繰り返しているさなか、ウォズニアックは不幸を経験します。映画館を購入した後、長年連れ添った妻と離婚、孤独を嘆いています。それでもほどなくして再婚したウォズニアックは今度はパイロット免許を取って、ビーチクラフト機を購入します。そして新しい妻のために内側にダイヤモンドを仕込んだ指輪をつくってもらおうとサンディエゴへと愛機を操縦して夜間飛行としゃれこみますが、事故を起こして2か月近く入院します。

あなたならどうする？

あなたなら、こんな時どうしますか？　一攫千金で得たお金を楽しく使っていたら周囲に驚かれたり、なんだか痛い目に遭ったりしたら、どんな行動をとるでしょう？　遊ぶのをやめますか？

事故がきっかけとなり、ウォズニアックはアップルには戻らず、大学に戻ってきちんと卒業しようと考えます。バークレーに戻ったウォズニアックは、卒業に必要なエンジニアリングの授業を取るとともに、心理学も専攻します。「もしエンジニアになれなかったとしたら、僕は先生になってただろうね」と言うほど小学校の先生になりたがってもいたウォズニアックは、有り余るほどの大金を手にし、夢だったパーソナル・コンピュータもつくり上げたのち、飛行機事故などを機に「もう一つの夢」の実現へと踏み出したのです。

解決ポイント！

相変わらずのバカ騒ぎを続けながらも、子ども博物館やコンピュータ博物館の設立に尽力したり、

バレエやオーケストラに寄付を行ったりしました。さらに、小学校にコンピュータを何台も寄付し、10年間もコンピュータを教える先生をしています。彼は、楽しむことをやめはしませんでした。

ウォズニアックは「僕がアップルを起業したのは、使いきれないほどのお金を得るためじゃなかった。僕は、金持ちになりたいなんて思ったことは今まで一度もない」[6]、そして富やお金で手に入れたヨットや何かは、笑っている時間ほどには自分を幸せにはしてくれない――と話しているように、何よりも笑いや楽しさを重視しています。一連のバカ騒ぎの中で「お金は失ったけど、そんなのたいした問題じゃない。大事なのは、人々があそこでいい時間を持てたこと。僕はただ、みんなに笑ってほしかった。そしてあのとき、みんな笑っていたと思う」[7]とも話しています。ウォズニアックにとって、お金はみんなの笑顔や幸せのために使うものだったのです。

自分の価値観に忠実な選択や行動を人に驚かれ、違和感を覚えることのある人もいるでしょう。「損をしているよ」「やりすぎだよ」といった言葉をかけられたことがある人もいると思います。しかし、人生の優先順位は当然、人それぞれです。お金が一番の人もいれば、人に笑われても自分の価値観に忠実に生きることが一番な人もいます。家族が一番の人も、趣味が一番の人も、自分の生き方を自分で理解し認めることは、仕事にもいい影響をもたらすはずです。

File.017
Google, Yahoo!

マリッサ・メイヤー（グーグル元副社長、ヤフー元CEO）の悩み

働く場所や居場所は、何を基準に決めるべきか？

マリッサ・メイヤーは中流階級の家庭に生まれ、公立の学校に通っていますが、時間的にも経済的にも余裕があったため、さまざまな活動に従事できるという恵まれた子ども時代を送っていました。幼い頃は恥ずかしがり屋でしたが、高校生の頃にはクラブ活動でもリーダー的存在となり、生徒会の会計係や討論会の会長も務めるようになり、チアリーダーのキャプテンまで務めるようになりました。

ハーバード大学など10の大学の学校に願書を出したメイヤーは、そのすべてで入学許可を得るほど優秀でしたが、どの大学が最も自分に向いているのか慎重に比較検討したうえで、スタンフォード大学を進学先として選んでいます。目指したのは脳科学者になることでした。

当時もその後もメイヤーの選択に大きな影響を与えたのが「ローラ・ベックマンの話」です。ピア

ノを習っていた頃、先生のジョアン・ベックマンが娘ローラについてこんな話をしたといいます。

高校生のローラはバレーボールのチームに入ろうとします。入部テストを受けたローラは、①代表チームに入って、ずっとベンチに座っているか、②ジュニアチームに入って先発メンバーとして活躍する――という選択肢のどちらかを選ぶように言われました。ローラは前者を選びます。理由は「たとえ試合に出られなくても、優秀な選手たちと毎日練習を続けていれば、自分も必ず上達すると思ったから」[1]というものでした。

入部テストで言われた言葉の通り、ローラは1年間はベンチを温めたものの、2年目には代表チームのレギュラーの座を獲得します。反対に、後者の選択肢を選んだ子たちは1年目はジュニアチームで活躍したものの、代表チームに入ったらずっとベンチを温めることになったというのです。

さて、スタンフォード大学コンピュータ・サイエンスの修士課程で学んだメイヤーは相変わらず優秀で、卒業の年、今度は12の企業から内定を貰いました。その中には、当時まだ社員が十数名しかいない、小さなスタートアップであったグーグルの名前もありました。

あなたならどうする?

複数の選択肢がある時、あなたは何を基準に選ぶでしょうか? 報酬? 名誉? 幼い頃からの夢? 自分の中に、選択する時の基準はありますか?

1,2 『FAILING FAST マリッサ・メイヤーとヤフーの闘争』(ニコラス・カールソン著、長谷川圭訳、KADOKAWA)

グーグルと同じような状況にあるスタートアップ企業の成功確率を計算したメイヤーは「倒産確率98％」という驚くべき数字をはじき出します。

解決ポイント！

マッキンゼーなど他の内定企業とは比較できないほどのリスクでしたが、面接で出会ったグーグル社員の賢さにすっかり魅了されていたメイヤーは「ローラ・ベックマンの話」通りの選択をします。選んだのはグーグルでした。

入社したメイヤーは「最高の人々に囲まれ、彼らにもまれているうちに、自分も成長できる」[2]と言えるほどの天才が集まり、何か凄いことをしようとしていることを確信します。

グーグル初の女性エンジニアとなったメイヤー自身の仕事ぶりも圧倒的なものでした。睡眠時間は4時間で場所は問わないという猛烈な働きぶりで、グーグルの数々の製品の改善を、エンジニアらしいデータのエビデンスを示しながら提案、実行していくことで頭角を現し、入社6年目には早くもサーチプロダクツ＆ユーザー・エクスペリエンス担当副社長に抜擢されています。

しかし、２０１１年に経営委員会の参加資格を失ったことで、メイヤーは入社して初めて疎外感を感じます。そんなメイヤーに訪れたのが、ヤフーからの「ＣＥＯになる気はないか」という誘いでした。猛烈なハードワーカーはいつだって居場所を求めています。メイヤーは２０１２年７月、37歳の若さでヤフーのＣＥＯに就任します。

しかし、1994年に創業されたヤフーの黄金期ははるか昔、メイヤーが参画した時には落ち目の会社でした。それでもメイヤーはグーグル時代同様に猛烈に働きます。後れをとっていたモバイル事業を強化するとともに、100以上あったプロダクトを10に絞り、メディア事業の推進、さらには数多くの買収も行いましたが、成果は上がりませんでした。

2017年6月、ヤフーの主力事業のすべてはベライゾン・コミュニケーションズに売却され、メイヤーも2300万ドルの退職金を受け取って会社を去ることになりました。時代の波に乗り遅れた企業を立て直すことは、超優秀な上に超のつくハードワーカーであるメイヤーにとっても不可能だったのです。

自分の居場所を決める際は、魅力的な人たち、優秀な人たちのいる場所を選ぶという考え方は、あなたの成長を加速させます。同時に、どんな優れた騎手も駄馬に乗っては勝つことができないというのも、メイヤーから学ぶことができます。懸命に働くのは大切なことですが、「どこで働くか、誰と働くか」の選択を間違えると、せっかくの努力が実りません。現在は2018年に設立した自身の会社を経営しているメイヤーですが、若くして多くのことを経験したメイヤーが、今後どんな選択をしていくのか、注目です。

ハワード・シュルツ（スターバックス元会長兼CEO）の悩み

会社の利益も大事だが、社員を大切にしたい

File.018
Starbucks

ハワード・シュルツはニューヨークの貧困者向け公営住宅で育っています。第二次世界大戦に従軍した父親は退役直後に黄熱病を発症、生活苦に陥ります。十分な学歴のない父親は小型トラックの運転手となりますが、配達の途中にケガを負い、解雇になったうえ、労災や健康保険給付金などの支援を得ることはできませんでした。腰から足首までギプスをはめて横たわる父親を見た時のことをシュルツはこう話しています。「7歳の僕に、それが今後どんなふうに僕の生活に影響するかなんてわかるはずがないだろう？　でも、両親の苦労を目の当たりにして、僕の心に消えない傷痕がついたんだな。なんというか、スラム街に住む人々に対して人一倍敏感になったような気がした」[1]

貧しい暮らしの中で育ったシュルツですが、幸いにもスポーツに秀で、アメリカンフットボールの特待生としてノーザン・ミシガン大学に進学、ゼロックスに入社します。そしてその後、雑貨会社の

部長を経て、わずか4店舗のスターバックスに入社します。

スターバックスの物語は1982年、シュルツがマーケティング責任者としてシアトルの1号店で働き始めたところからスタートします。当時はコーヒーの豆と粉を袋に詰めて家庭用に売る店であり、飲み物は提供していませんでした。1年後、イタリアを訪れたシュルツは、何軒ものエスプレッソバーを訪ね、バリスタが淹れてくれたコーヒーを飲み、「ここはただコーヒーを飲んで一休みする場所ではない。劇場だ。ここにいること自体が素晴らしい体験なのだ」[2]と感動します。

アメリカに帰ったシュルツはイタリアでの体験をシアトルでも再現したいとスターバックスの創立者たちに訴えますが、拒否されます。退職したシュルツは1986年に自らの会社イル・ジョルナーレを設立、「地球上で最も素晴らしいコーヒーバー」を目指します。1987年、シュルツは手を広げ過ぎて経営難に陥っていた元の雇い主から店と焙煎工場を買い取り、社名は自社のイル・ジョナーレではなく、スターバックスを残すことにします。

全米に通用するコーヒーのブランドを確立し、「スターバックス体験」を提供することがシュルツの夢でした。会社が成長していく過程でシュルツはもう一つの試みにも挑戦します。幼い日の父親の姿が目に焼き付いていたシュルツは、こんな理想を描いていました。「父が一度も働くチャンスを得られなかった種類の会社組織を、企業利益と良心のバランスを保とうとするような会社を築こうとし

1, 2 『スターバックス再生物語 つながりを育む経営』（ハワード・シュルツ、ジョアンヌ・ゴードン著、月沢李歌子訳、徳間書店）

た」[3]。きれいごとだという見方もあるでしょうが、シュルツは本気でした。

スターバックスが11店舗、社員100名の頃、シュルツは自社で働くすべてのスタッフに健康保険と自社株購入権を提供したいと発言、投資家たちから猛反対に遭います。

あなたならどうする？

当時のスターバックスはまだ小規模で、社員に対しそこまで手厚くする段階ではないということです。これは現実的に見れば十分に一理ある考え方ですが、シュルツには理想があります。あなたがシュルツと同じ理想をもっていたらどうしますか？　時期を改めるか、断行するか……？

解決ポイント！

シュルツがしたのは、諦めることと強引に決行することのどちらでもありませんでした。シュルツは、スタッフに投資することで離職率が低く抑えられ、パフォーマンスも向上すると訴えたのです。

さらに国民皆保険ではないアメリカにおいて健康保険に入ることができて、なおかつ自社株まで購入できるとすれば、社員は単に雇われているという感覚ではなく、自分の会社という帰属意識をもって働いてくれるはずだ、というのがシュルツの考えでした。

やがてスターバックスは素晴らしいブランドへと成長しますが、シュルツは2014年、驚くべきプランを公表します。それはスターバックスがアリゾナ州立大学と提携、全米の週に20時間以上勤務するスターバックス社員（当時の対象は13万人）に完全無償のオンライン大学教育を提供するというも

3, 4　『マスター・オブ・スケール 世界を制したリーダーが初めて明かす 事業拡大の最強ルール』（リード・ホフマン、ジューン・コーエン、デロン・トリフ著、大浦千鶴子訳、マガジンハウス）

のでした。授業料はスターバックスが60%、アリゾナ州立大学が40%という割合で負担します。今もそうですが、アメリカで大学を卒業するためには多額の費用が必要になります。そのため大学に進む夢を諦め、あるいは中退してスターバックスで働く人たちも多い中、シュルツは全員に大学で学士を取る機会を与えるという決断をします。シュルツは大卒の資格を手にすることで、より良い仕事を求めて退社する社員もいるであろうことを認めたうえで、この取り組みが人材の質を高め、会社のブランドや評価を高め、より良い人材を引きつける力になるだろうとコメントしました。シュルツは言います。「もし会社の中核目的が、〝従業員ファースト〟の原則に基づいていなかったら、ビジネスは成功していなかったし、僕たちは今頃ここにいない」[4]

シュルツにとって、いいことをすることが、成功への近道だったのです。

会社の目的は利益を上げることですが、かといって社員に犠牲を強いるのは正しくありません。しかし、メンバーに投資し、メンバーを大切にするチームにしたくても、周りからは反対の声ばかりが聞こえてくることもあります。シュルツは、「いいことをする」ことと、会社の利益は相反関係になるとは限らないことを教えてくれます。いいことをすることでいいメンバーを育て、いいチームをつくることもできるのです。

アンドリュー・グローブ（インテル元CEO）の悩み

失敗したら会社が潰れる、究極の瞬間に立ち会う

File.019
Intel

インテルの創業メンバーの1人、アンドリュー・グローブは時に「全米一うるさいボス」と呼ばれ、また自らを「パラノイア（病的なまでの心配性）」と呼ぶほど闘争心溢れる、厳しい上司でした。それは、自身の出自にも関係しているといいます。

ユダヤ人としてハンガリーに生まれたグローブは第二次世界大戦後に祖国を離れてオーストリアに亡命、1957年にアメリカに渡っています。ニューヨーク市立大学を首席で卒業、カリフォルニア大学バークレー校で博士号を取得、フェアチャイルド・セミコンダクターに入社します。

当時から人を動かすことに長けていたグローブの才能に目をつけたロバート・ノイスとゴードン・ムーアがグローブを第三の社員として引き抜き、インテルを創業。ムーアは「いつか君がインテルを動かす日が来るだろう」[1]とその資質を高く評価していました。

1 『アメリカン・ドリームの軌跡 伝説の起業家25人の素顔』（H. W. ブランズ著、白幡憲之、鈴木佳子、外山恵理、林雅代訳、英治出版）

当初は半導体メモリの開発販売を行って成功しましたが、次世代メモリが次々と誕生する中では安閑としていられませんでした。アメリカ国内でもインテルのライバルはたくさんいましたが、１９８０年代に入ると日本メーカーの攻勢がすさまじく、このままではやっていけなくなるのではというのがグローブの危機感でした。

当時、日本製メモリの品質は高く、アメリカ製よりもはるかに優れていました。当初、インテルの関係者は「そんなことはありえない」と事実を認めようとはしませんでしたが、データに間違いがないことを知ると、製品の品質向上に取り組みますが、既に大きく出遅れていました。そのうえ日本メーカーは資金力も豊富で、大規模な最新鋭の工場を建設、世界中の半導体市場を乗っ取るのではというほどの勢いだったのです。

インテル社内では「メモリだけを生産する巨大工場を建設して、日本製品を打ち負かそう」という提案もありました。

あなたなら どうする？

あなたなら、どんなことを考えますか？　「いつか自分が動かすことになる」とまで言われた企業の、まさに命運を握る瞬間です。

１９８５年、グローブはＣＥＯのムーアに「もしわれわれが追い出され、取締役会が新しいＣＥＯ

を任命したとしたら、その男は、いったいどんな策を取ると思うかい？」[2] と問いかけます。

ムーアの答えは「メモリ事業からの撤退だろうな」[3] でした。

グローブは「一度ドアの外に出て、戻ってこよう。そして、それをわれわれの手でやろうじゃないか」[4] と言いました。

これは、グローブが言うところの「戦略転換点」です。「戦略転換点」というのは、企業の生涯において根本的な変化が起こるタイミングです。その変化は、企業が新たなレベルへとステップアップするチャンスとなることもあれば、終焉に向けての第一歩となることもあります。

解決ポイント！

グローブは日本メーカーによる攻勢を「戦略転換点」ととらえ、このままでは命取りになりかねないメモリ事業から撤退し、当時としては新しい分野だったマイクロプロセッサ事業への進出を決意します。

もちろんこうした転換はすんなり受け入れられるわけではありません。インテルにとって「メモリこそわが事業」であり、「メモリ事業なしで、インテルはやっていけるのか」という不安も解消しなければならないし、メモリ事業に関わっていた何千人もの社員を解雇し、メモリを製造するための工場を閉鎖するという大きな痛みを伴うものでした。膨大な資金も失います。

しかし、戦略転換点を「まだ大丈夫だ」と見過ごした企業は、衰退し、かつての栄光を取り戻すこ

2, 3, 4 『パラノイアだけが生き残る 時代の転換点をきみはどう見極め、乗り切るのか』（アンドリュー・S・グローブ著、佐々木かをり訳、日経BP）

とは決してありません。グローブによると、メモリ事業から撤退し、マイクロプロセッサ事業で利益を出し、戦略転換点を乗り越えるには3年かかったといいますが、この決断があったからこそインテルは世界最大の半導体メーカーとなり、マイクロプロセッサが他社に転換点をもたらす要因となったのです。

この時期を逃したなら、インテルはメモリ事業のシェア低下を防ぐために無益な戦いを続けるか、あるいは急成長するマイクロプロセッサ事業に遅れて参入するかのどちらかだったのです。「パラノイアだけが生き残る」がグローブのモットーです。事業の成功の陰には、必ず崩壊の種があり、それを常に意識してこそ勝利できるのです。

勝つためには、自ら切り拓いた市場であっても大胆に切り捨てる勇気と、有望な市場にすべてを賭ける勇気が必要なのです。転換点でためらうこと、見過ごすことは自分の首を絞め、ライバルを利するだけなのです。

ラリー・エリソン（オラクル創業者）の悩み

ありったけのお金を稼いだが、本当にこれが幸せなのか？

File.020
Oracle

企業や公的機関を対象とするデータベース管理システム（ＤＢＭＳ）を中心としたソフトウェアの開発・販売を行っている世界2位のソフトウェア会社（1位はマイクロソフト）オラクルの創業者ラリー・エリソンは、ＩＴ業界でも屈指の浪費家として知られています。世界中に多くの家を持ち、京都・南禅寺近くには豪華な日本庭園付きの別荘を持っています。エリソンの親友で、やはり京都を愛したスティーブ・ジョブズもかつて訪れました。セーリング競技の熱狂的なファンで、アメリカズカップのオラクルチームＵＳＡのスポンサーを務め、世界最大の大きさを誇るヨット「ライジングサン」も所有していました。パイロット免許と、航空機も何機か所有していました。

ジョブズと同じ養子だったエリソンは出自に悩み、養父との関係も決して良好ではありませんでしたが、大学時代は周囲の「医者になって欲しい」という期待に応えようと医者を目指していました。

しかし、やがて自分はこれが好きではないと気づいたエリソンは医者を目指すのをやめようと決心。カリフォルニアに移ったエリソンは最初の妻となるアダ・クインと結婚（のち離婚。エリソンは4度結婚して、4度離婚）したこともあり、探検ガイドやロッククライミングのインストラクターをしながら、週のうち2、3日はコンピュータのプログラマーとして働き始めました。

この時期のエリソンはプログラマーとしてそれなりの収入を得ていたものの、転職を繰り返し、金遣いも派手で、妻によると「手元にはビールを飲むお金しかないのに、シャンパンを飲むような贅沢」[1]をし、お金を稼ぐより人生を楽しみたいという人物だったようです。

やがて転機が訪れます。世界最速のＩＢＭのどのコンピュータよりも速いメインフレームコンピュータをつくり、ＩＢＭから顧客を奪うことを目的に設立されたアムダール（Amdahl）社を経てアンペックス（Ampex）社に移ったエリソンはそこで世界最大のデジタルデータストレージシステムの構築に携わります。当時、エリソンが関わったデータベース開発のプロジェクトのコードネームが「オラクル（Oracle）」であり、のちにエリソンの会社と製品の名前になっています。

１９７７年、のちのオラクルを創業したエリソンは、世界最初のリレーショナルデータベースの構築を目指します。コンピュータが登場する以前、膨大な情報を効率よく保存・管理することは途方もない作業でしたが、それはコンピュータ登場後もすぐに解決されたわけではありません。ＩＢＭがリ

1 『カリスマ 上』（マイク ウィルソン著、朽木ゆり子、椋田直子訳、ソフトバンククリエイティブ）

レーショナルデータベースというアイデアを生み出し、ようやく製品化にこぎ着けたのは１９８２年なのに対し、ＩＢＭの研究をヒントにオラクルが最初のバージョンを発表したのは１９７９年。「構築は可能かもしれないが、しかし、決して利用するのに十分な速さにはならない」という専門家の意見に異を唱え、挑戦したエリソンの勝利でした。エリソンはその後の苦難も乗り越えて、大金持ちとしての人生を謳歌します。

しかし、エリソンは２０１６年の南カリフォルニア大学卒業式スピーチでこんなことを言っています。「ある時点以降はお金が問題にはなり得ないのです。ある時点以降はどんなに頑張っても、それを使うことはできないのです。私は一生懸命やってみようとしましたが、不可能でした[2]」

あなたならどうする？

あなたがお金を稼ぐのが得意で、ありったけのお金を稼いだとしたら、何を考えると思いますか？

エリソンは、親友ジョブズとの交流を通してお金よりも大切なものに気づくようになりました。エリソンとジョブズの友情は30年にわたる何千回もの散歩によって築かれたといいます。なかでもよく知られているのがジョブズのアップルへの復帰に際してのエリソンの助力です。

１９９０年代半ば、エリソンは危機に陥ったアップルを買収し、ジョブズに経営してもらうことを画策していました。本気のアイデアでしたが、ジョブズはエリソンの計画に「ノー」を伝えます。たしかに、アップルがネクスト（アップルを辞めたジョブズが１９９５年に設立したコンピュータ会社）を買収してジョブズが復帰すれば、彼がいずれ経営することになるでしょう。しかしエリソンはこう尋ねました。「でもスティーブ、私にはよく分からないことが一つある。会社を買わないと、私らの懐にお金は入らないんだよ」。その時のジョブズの言葉がエリソンに強い印象を残します。ジョブズはこう言いました。「ラリー、だから、僕が君の友人であることが大事なんだ。君はそれ以上、お金はいらないだろう」[3]

その後、エリソンはジョブズがＣＥＯとなったアップルの取締役として数年にわたりその活動を支えます。そして、ジョブズの正しさをあらためて理解したといいます。卒業式のスピーチの続きはこうです。「最後に残されたたった一つの選択肢は、そのほぼすべてを手放すことです」[4]

解決ポイント！

今、エリソンは「学んだり向上したりすることが好きだ。競争も好きだし、勝つことも好きだね」[5]と言う一方で、情熱を傾けられる仕事を見つけるまで、探し続けることの大切さを若い人に伝えています。寄付啓蒙活動の「ギビング・プレッジ」にも参加しています。

たっぷりのお金を手に入れ、自分の好きなように使うことはある時期までは幸せでも、やがて限界も来るようです。その時に燃え尽きないためにも、本当に大切なのは情熱に火をつける仕事であり、お金はその副産物である、という考え方はもっておくといいでしょう。

2,4,5　南カリフォルニア大学卒業式スピーチ 2016年
3　『スティーブ・ジョブズ II』（ウォルター・アイザックソン著、井口耕二訳、講談社）

マイケル・デル（デル創業者）の悩み

常識や慣習からズレたことを発案して猛反対された

File.021
Dell

デル・コンピュータの創業者のマイケル・デルは、16歳の時に「アップルⅡ」を買ってもらってからパソコンに夢中になり、部品を買い足して機能の強化に励むようになりました。やがてパソコンを買っては改造して、友人に売り始めました。部品は大量購入すれば、安く手に入るようになります。やがてデルにこんな疑問が芽生えました。店でパソコンを買うと、なぜ価格が部品価格の合計の5倍になるのか、という疑問です。

その差のほとんどは、パソコンメーカーの人件費や宣伝費といった間接経費です。販売に代理店を使えば、当然さらに価格は上昇します。

デルは「安く買いたい」というニーズに対する解決策を考えました。

そしてお客さまから直接注文を受け、希望通りのパソコンをつくって売るというビジネスモデルを発想します。業界初の直接販売方式でした。こうしたやり方は今でこそ多くの業界で行っていることですが、当時としてはまったく破天荒な、あり得ないアイデアでした。

あなたならどうする？

この商品がこんなに高い意味がわからない。もっと安く売ることができるのでは……？　しかし、その実現のためには業界の慣習を打ち破らないといけない——誰もが当たり前と思っている既存のやり方に対して、「本当だろうか」という疑問が湧いてきたら、あなたはどうしますか？　誰に話してみても「そんなの無理」「そんなのできっこない」という返事ばかりだったらどうするでしょうか？

解決ポイント！

インテルの元CEOのアンドリュー・グローブが、デルの発想についてこう述べています。

「コンピューターを顧客の特定のニーズに合わせてカスタマイズし、じかに（この場合、電話で注文を受け、パソコンを小包で発送するというやり方で）販売すれば、大学の友人以外でも欲しい人が出てくるに違いない、という考えだった。従来のコンピューター業界に身を置く者には、郵便でコンピューターを買う人間がいるなどということは思いもよらないことだっただろう。犬が空を飛べないのと同じように、通信販売でコンピューターを買う人間はいない、と思い込んでいたのである。確かに、少なくとも従来の秩序の下では、誰もそんな方法でパソコンを買おうとはしなかった」[1]

そして、まさに業界の常識を覆すアイデアを実行に移すことで、デルは大きな成功を手にします。

1　『パラノイアだけが生き残る 時代の転換点をきみはどう見極め、乗り切るのか』（アンドリュー・S・グローブ著、佐々木かをり訳、日経BP）

デルは高品質のパソコンを格安で販売し、パソコンに販売革命を起こしました。そして１９８８年に23歳の若さで株式公開を実現し、巨富を得ることになったのです。

創業当時、デルはテキサス大学で医学を学ぶエリートでしたが、大学1年生を終えた時点で退学しています。事業が失敗に終わるのではないかという恐怖はあったといいますが、まだ若いデルには失うものがほとんどなく、「もしビジネスがうまくいかなかったら、いつでも両親のもともとの計画（医者になる）に戻って、医学部を目指すことも可能だった」[2]とも話しています。

一方で、アイデアに関しては自信もありました。「『そんなことは不可能だ』などという意見は、聞かない方がいい場合もある。私は、自分がやろうとしていることについて、他人の許可も承認も得ようとしなかった。私はただ、前進し、それを実現しただけである」[3]と話しています。

顧客への直接販売で成功したデル・コンピュータですが、１９９４年までは同時並行で小売店経由でも販売を行っていました。デルによると、当時、小売業者によるパソコン販売は年20%というペースで成長していましたが、撤退すべきではないかと考えていたといいます。理由は利益の低さにありましたが、小売りチャネルの担当者たちはチャネルをウォルマートなどのディスカウントショップなどにも広げようとしました。

一旦はそのアイデアを採用したデルですが、わずか数か月後には小売りチャネルからの完全撤退を

2, 3, 4　『デルの革命「ダイレクト」戦略で産業を変える』（マイケル・デル、キャサリン・フレッドマン著、國領二郎監訳、吉川明希訳、日本経済新聞出版）

決断します。それを報じるマスコミや専門家の論調は「小売りチャネルから撤退することで、デルは成長の可能性を自ら大きく限定してしまうことになる」と批判的なものばかりでしたが、デルは推し進めます。結果は成功でした。

デルは理由をこう話しています。「真のメリットは、撤退によって、社員が１００％ダイレクト・モデルに集中せざるを得なくなったという点である。こういう意思統一は、強い団結力を生む」[4]

デル・コンピュータの躍進は、業界の当たり前を疑うことでもたらされたのです。

あらゆる業界には必ず多くの常識や慣習があるものですが、それらに対しても「なぜ」と問いかけることを習慣にしてみるといいでしょう。そこからアイデアが生まれ、革命が生まれます。

また、「ダメなら医者になればいい」というデルほど大層なものでなくとも、バックアッププランや「プランB」をもって挑戦することも、心に余裕をもって取り組むためには有効でしょう。

業界や会社の慣習に疑問を呈し、覆すことには大きな逆風が伴います。しかしだからこそ、成功した時のインパクトは大きくなります。

リチャード・ブランソン（ヴァージン・グループ創設者）の悩み

二つの事業のうち、どちらかを捨てなくてはならない

File.022
Virgin Group

リチャード・ブランソンは１９５０年、イギリスのロンドン郊外で生まれました。父親は弁護士、母親は元ＣＡという裕福な家庭でしたが、両親は早くから子どもたちにチャレンジを課していました。ブランソンが4歳の時、母親は家から数キロ離れたところで車を止め、草原を横切って１人で自宅まで戻るという試練を課しています。同じ頃、叔母の家で2週間の休暇を過ごしていた時、叔母はブランソンが2週間で泳げるようになったら10シリングをあげると言います。しかし、いくら練習しても泳げるようにならないブランソンに叔母は最後のチャンスを与えます。勇気を出して川に飛び込んだブランソンは水をいっぱい飲みながらも必死にもがくうちに泳げるようになり、10シリング紙幣を手にします。そんな大金を持ったことのないブランソンには「まるで財宝のように見えた」[1]と振り返っています。こうして鍛えられたことでスポーツは得意になったブランソンですが、文字の読み書

きが苦手なディスレクシア（彼の場合は失読症）という障害があり、勉強面では大いに悩まされていました。すべての教科でビリになるほど勉強が苦手で、学校を退学になったこともあるほどです。やがて大きなパブリックスクールに入学しますが、11歳の時の大けがが原因でスポーツもダメ、勉強もダメになります。唯一熱中したのが小説を書くことで、学校の随筆のコンテストで賞をとり自信が生まれます。やがて学校の規則に反発するようになったブランソンは「スチューデント」という雑誌をつくることを考えるようになります。

しかし、学校の成績はパッとせず、１９６７年に学校を中退するブランソンに校長先生は「君は監獄に行くか億万長者になるか、どっちかだと思うね[2]」と別れの言葉をかけます。その翌年、ブランソンは「スチューデント」の第一号を創刊します。ミック・ジャガーやジョン・レノンのインタビューも載る本格的なものでしたが、収益は厳しいものでした。

何とかしなければと考えたブランソンは「スチューデント」に中古レコードの通信販売の広告を掲載、山のような問い合わせと見たこともないほどの現金を手にします。「ヴァージン・メール・オーダー・レコード」の誕生です。その後、小売りのヴァージン・レコードで成功したブランソンは、レコーディング・スタジオをつくり、アーティストとも契約、アルバムなども発売するようになります。カルチャー・クラブやボーイ・ジョージなどとも契約したヴァージンはイギリスを代表する音楽

1, 2, 3, 4, 5 『ヴァージン 僕は世界を変えていく』（リチャード・ブランソン著、植山周一郎訳、TBSブリタニカ）

レーベルとなりますが、その利益でブランソンはさまざまな事業に進出、1984年にはヴァージン・アトランティック航空を設立します。

当時は格安の航空会社はピープルズ・エクスプレスのみで、イギリスでは英国航空（BA）が絶対的な存在でした。新しく参入する余地は十分あると考えてのことですが、BAはライバルを潰すためには何でもやると言われており、実際、フレディ・レイカーが設立した航空会社は倒産に追い込まれ、空いたところ（ロンドン・ニューヨーク間）に参入するというものでした。BAの怖さを知る人たちは「頭が狂ったのかい。いいかげんにしてくれよ」と止めますが、ブランソン自身はこの状況を面白いと言って参入を決めたのです。

実際、ヴァージン・アトランティックはBAからのさまざまな攻撃に遭います。ヴァージン・アトランティックは赤字を出しながら何とか存続しますが、資金難の中、ブランソンは「生まれて初めて、私は何をすべきか分からなかった」[3]というほどの苦境に陥ります。このままでは倒産しかないという中、ブランソンは赤字の航空会社を救うために、多くの有名ミュージシャンを抱え、利益を生んでいるヴァージン・ミュージックの売却を考え始めます。

あなたならどうする？

順調な事業と、新しく始めた苦境に陥った事業があり、周囲は厳しいほうから撤退しろと言っています。しかし、あなたは新事業のほうに愛着があります。二者択一なら、どちらを選びますか？

ブランソンは、未来を感じる新事業を選びました。理由をこう話しています。「苦しい航空会社とレコード会社を所有するかわりに、盤石の航空会社と、ソーン・EMIに所有されはするが盤石のレコード会社が残ることになる」[4]。ブランソンはヴァージン・ミュージックを5億6000万ポンドで売却しますが、これによってBAを上回るほどの現金を手にしたことでBAとの裁判にも勝利、見事に生き延びることになったのです。

ブランソンによると、資金的なバックを持たずにビジネスを始める人間にとって、成功と失敗の差は紙一重であり、最優先課題はサバイバルだといいますが、それでも「いかに状況が難しくても、心には、前進するための大きな絵を描いていなければならない」[5]と言います。その思いこそが生き残り、そして成長を可能にするのです。

解決ポイント!

安全な道と険しい道の二者択一を迫られた時、たいていの人は安全な道を選びますが、あえて心に従い難しいほうを選ぶことで成長できることもあります。「大きな絵」を描き続ける挑戦者ブランソンの築いたヴァージンは2020年コロナの影響で経営破綻するも、ユーモアを忘れず何事にも大きな気持ちで挑戦するブランソンの存在故か、驚異の粘りを見せています。今後に注目です。

Chapter 3

人間関係がキツい！

同僚やライバルについての問題解決

File.023
Spotify

ダニエル・エク（スポティファイ創業者）の悩み
ライバルが強すぎる（相手はスティーブ・ジョブズ！）

スウェーデンのストックホルムの近くで生まれたダニエル・エクは、早くに父親と離婚した母親に女手一つで育てられます。決して裕福な暮らしではありませんでしたが、「音楽に囲まれて暮らした幸せな子ども時代だった」と振り返っています。

ビージーズやダイアナ・ロスが好きな母親の影響でエクもギターを弾き始め、やがてビートルズなども弾くようになったばかりか、ドラムやベース、ピアノやアコーディオンも習うようになり、地域のバンドを二つ掛け持ちするほどの音楽好きでした。

そんなエクが音楽と同じように興味を持ったのが、5歳の時に母親に買ってもらった中古のパソコンです。その後、母親が再婚した義父から新しいパソコンをプレゼントされたエクはさらに夢中になり、9歳の時には既にプログラミングを始め、11歳の時には「ビル・ゲイツよりビッグになる」と周囲に話す早熟な少年でした。

中学に進んだエクは既にコンピュータではナンバーワンの子どもとして知られており、地元企業の依頼でホームページを作成。IT専門学校でもインターネットコンサルティング会社スプレイのプロジェクトに参加したり、オークションサイト「トラデーラ」の技術責任者を務めたり、さらに同じ学校の生徒を使ってホームページを作成するなど数多くのビジネスに関わっています。

当時、エクは「自分たちは世界一になるんだと思っていた」といいますが、同時に「僕はミュージシャンとしては一番になれなかった。その後、優秀なプログラマーにはなれるかもしれないと思ったけど、結局それも無理だと分かったんです」[1]と自らの限界も悟ったといいます。

音楽とテクノロジーが大好きで、才能もあったものの、それでは念願の世界一にはなれそうもありませんでした。目指すのは「世界一」で、ビル・ゲイツを超えることでした。幸いエクには学生時代からそうだったように、アイデアを出し、プロジェクトを率いて結果を出す「起業家としての才能」がありました。

エクはプログラマーとしてはトップではないものの、人にプログラミングを教え、人をまとめて何かをつくるという自分の才能に気づきます。「起業家」としての才能に気づいたことがその後の躍進につながります。

1 「クーリエ・ジャポン」2018年9月20日

以来、いくつかのサービスで実績をあげますが、最も自信のある音楽配信サービスには当時アップルという巨大なライバルがいました。「スポティファイ」が誕生した時、音楽配信市場はアップルの一人勝ち状態でした。しかも、相手はスティーブ・ジョブズです。

あなたならどうする？

さて、ライバルがスティーブ・ジョブズとなったら、あなたはどうするでしょうか？　ジョブズでなくとも、圧倒的強者が目の前に立ちはだかっていたら？　迂回したくならないでしょうか？

大手レコード会社のトップを口説き、大物ミュージシャンを説得して、「盗み」が横行していた音楽配信の世界を正し、デジタル音楽の時代を切り開いたのは間違いなくジョブズの功績でした。

普通はこれほど強力なライバルがいれば、市場への参入を諦めるか、アップルのいる北米を避けて自分たちが得意とするヨーロッパでの事業に専念するものですが、エクは、事業を成功させるためには、アメリカで成功をおさめ、ストリーミング事業で世界一にならなければならないと考え、アメリカへの進出を決意します。

それは、アップルと戦うことを意味していました。

解決ポイント！

ジョブズから見るとスポティファイのやり方は「音楽をただでくれてやる」許しがたいサービスでしたが、エクは、食べていくために音楽と他の仕事をかけもちしなくてはならない状況にある友人のミュージシャンたちを助けるために、アップルとは別のやり方で勝負を挑みます。

ヨーロッパでの実績を積んだエクは２００９年、ナップスターによって音楽配信の扉を開き、かつて同じ「ハッカーサークル」に属していたショーン・パーカー（フェイスブック初代ＣＥＯ）と面談、そこからピーター・ティール（ペイパル創業者、134ページ参照）やマーク・ザッカーバーグ（フェイスブック創業者、156ページ参照）へと人脈を広げていきます。

こうしてジョブズを除く多くのＩＴ起業家と面識をもったエクは、２０１１年、ついに大手レコード会社との契約に成功、アメリカへの進出を実現します。スポティファイは今や、音楽配信ではアップルを抜き1位になっています。

強力なライバルを恐れ二番手三番手に甘んじていては、決して1位になれないどころか、やがては居場所を失ってしまいます。あなたのやりたかったこと、叶えたかった夢は人のものになってしまうのです。自分のやりたいことをやるためにも、ライバルに勝つためには、人脈づくりや差別化など、あらゆる手を尽くしましょう。

たとえ勝てなかったとしても、「あなどりがたい存在」には、存在価値とチャンスがありますし、いずれナンバーワンになれる可能性だってあるのです。

シェリル・サンドバーグ（フェイスブック元COO）の悩み

成功すればするほど周りから嫌われる

File.024
Facebook

フェイスブックでCOO（最高執行責任者）を務めたシェリル・サンドバーグは、ビジネス界で最もパワフルな女性の1人とされ、経歴も華やかです。ハーバード大学経済学部を首席で卒業し、世界銀行に入行。その後、ハーバードビジネススクールでMBAを取り、マッキンゼーでコンサルタントとして働く。さらにクリントン政権下では財務長官の首席補佐官も務める――。

まさに「華麗なキャリア」としか言いようがありませんが、やがて政権担当が変わり新たな職探しを始めたサンドバーグは、グーグルCEOのエリック・シュミット（54ページ参照）に声をかけられます。しかし、当時はITバブルがはじけたばかりであり、創業3年そこそこのグーグルに将来を託していいかどうか、サンドバーグは迷います。そんな彼女にエリックはこう言います。

「仕事を決める時の基準は一つしかない。それは成長、それも急成長だ」

この言葉を聞いてサンドバーグはグーグルへの入社を決めます。のちにこの言葉は、サンドバーグが人にアドバイスをする時の定番のセリフになります――伸び盛りの会社には仕事はいくらでもあるが、伸びが鈍化した会社は仕事が減って仕事をしない人が多くなる。そこに未来はない。

やがて成功したグーグルのストックオプションで大金を手にしたサンドバーグは、次なる道を探し始めます。大手企業から好条件の提案もありましたが、彼女が選んだのは、23歳のマーク・ザッカーバーグが経営するフェイスブックでした。入社の前、サンドバーグとザッカーバーグは約50時間も話し合ったといいます。入社の理由はグーグルに入った時と同じように、肩書きよりも企業の潜在性とミッションを優先した結果でした。やはり急成長が鍵となったのです。

まさに「華麗なる転身」ですが、ここでサンドバーグはつらい経験をすることになります。フェイスブックに入社したサンドバーグは、シリコンバレーの人気ブログに山のような中傷コメントを書き込まれたのです。

「嘘つき」「二重人格」「フェイスブックを永遠にダメにする人」……。

背景にあったのは、サンドバーグがバーナードカレッジの卒業生向けの講演で紹介した「男性にとって成功はプラス、女性にとって成功はマイナス」という人々の考え方だったのでしょう。サンドバーグは講演で、男性は権力を持ち、成功すればするほど男性からも女性からも好かれるのに対し、女性は成功すればするほど男性からも女性からも嫌われるというデータを示し、「私はこれと同じようなことを実際に経験した」として、中傷コメントの話に入っています。

恐らくは、グーグルで成功したサンドバーグがフェイスブックに移り「さらなる成功」を手にしたことでバッシングの対象になったのでしょうが、どんな優秀な人物も心のある人間です。見知らぬ匿名の人たちからの心ないコメントを見たサンドバーグは、「1人で泣きました。何度も眠れない夜を過ごしました」と振り返っています。周りの人たちも「あんなブログ、気にしなくていいよ」と声をかけてくれましたが、そう声をかける人たちもやはりブログを読んでいたのです。

あなたならどうする？

あなたなら、こんな状況をどう乗り越えますか？　自分は決して楽をしているのではなく、努力の結果成功しているのに、成功すればするほど周囲から批判の声が高まってしまう……。

当初、サンドバーグはブログに反撃する方法はないものかとも考えましたが、そんなことをしても意味はないと気づき、こう考え始めます。「反撃するのはやめよう。とにかく今は一所懸命仕事をしよう。仕事を成功させよう。それが中傷に対する最も効果的な対抗策になる」[1]

そしてサンドバーグは収益の柱がなかったフェイスブックで広告システムを確立し、フェイスブックの業績に貢献しました。業績が上がるにつれ、悪口を書かれることはなくなったといいます。

1，2　『巨大な夢を叶える方法 世界を変えた12人の卒業スピーチ』（ジェフ・ベゾス、ディック・コストロ、トム・ハンクス、サルマン・カーン、ジャック・マー、チャールズ・マンガー、イーロン・マスク、ラリー・ペイジ、シェリル・サンドバーグ、マーティン・スコセッシ、メリル・ストリープ、ジェリー・ヤン著、佐藤智恵訳、文藝春秋）

解決ポイント！

バッシングやヒステリックなコメントにいちいち反論しても意味はなく、今いる状況で自分がやるべき目の前の仕事に集中し、「さらなる成功」をすることで、批判への答えを出したのです。

そうした経験を経て、サンドバーグはこう考えるようになります。

「大きく考える」「自分の成功は自分の能力のお陰だと思う」「リーダーシップをとる。リーダーシップというのは、リーダーになりたいと思う人に備わるもの」[2]

サンドバーグによると、女性は男性に比べて自分の能力や貢献度を低く見積もる傾向があります。そのために、「仕事か家庭か」といった大きな決断の前に、慎重に「小さな決断」を繰り返し、静かに社会から後退していく。大切なのは早々とキャリアの階段から降りることではなく、前進し続けること、アクセルを踏み続けること――。たとえ何を言われても、悪評や批判に背を向け、やるべき仕事に集中すれば、「最後は真実が勝つ」がサンドバーグの考え方です。

性別にかかわらず、野心をもつことをためらったり、遠慮したりする必要はありません。人からバッシングされるほどの野心をせっかくもっているのなら、批判や悪評に耳を傾けて思い悩むより、その野心で「新たな成功」を積み上げることに集中するべきです。CEOではありませんが、圧倒的な成功の裏で悩む彼女の考え方を知ってもらいたく取り上げました。

File.025
Microsoft

サティア・ナデラ（マイクロソフト3代目CEO）の悩み

傾きつつある組織のリーダーを任された

2000年代の終わり頃から聞こえ始め、日本でしきりと言われるようになった「GAFA」には、なぜかマイクロソフトが含まれていませんでした。当時もマイクロソフトは巨大企業であり、コンピュータ業界の覇者とも言える存在でしたが、スティーブ・ジョブズが切り開いたスマートフォンの時代への対応に後れをとることで「過去の企業」と見なされ始めていたのです。

グーグルが急成長を始めていた頃、既にマイクロソフトから離れていたポール・アレン（130ページ参照）がビル・ゲイツ（168ページ参照）に「グーグルに追いつける方策はあるのか、それともグーグルを買収するつもりでいるのか」と質問したところ、返ってきたのは「6カ月もあれば追いつけるよ」[1]という「慢心」としか思えない答えでした。アレンによると、この当時のマイクロソフトの戦略は、先行する会社の製品を徹底的に研究して、「急いで追いつき、追い越す」というものでしたが、アッ

1　『ぼくとビル・ゲイツとマイクロソフト　アイデアマンの軌跡と夢』（ポール・アレン著、夏目大訳、講談社）

あなたならどうする？

プルのiPodに対抗する製品を発売したのは5年後のことであり、「急いで大きくなる」ことが必要なインターネット時代の戦略としては既に通用しない戦略を信じ込んでいたといいます。

そんな、言わば「過去に繁栄した企業」となり始めていたマイクロソフトを復活させたのが、2014年に3代目CEOに就任したサティア・ナデラです。1967年にインドで生まれたナデラはインドの大学で学んだのち渡米、サン・マイクロシステムズへ。1992年にマイクロソフトに就職、働きながらMBAを取得。マイクロソフトに入った理由は「世界を変えるミッションがあると信じている社員がたくさんいる企業で働きたかった」[2]からです。それはまさにゲイツとアレンが夢見て、その実現に向け懸命に働いていた頃のマイクロソフトへの憧れでした。しかし、入社から十数年が経った2008年、ナデラはマイクロソフトに暗雲が立ち込めていることを痛感します。頼みのパソコンの売れ行きは鈍る一方で、アップルやグーグルはスマートフォンやタブレットの売上を伸ばし、マイクロソフトが太刀打ちできない検索やオンライン広告で収益を上げていました。ジェフ・ベゾスが赤字覚悟でスタートさせたクラウド・サービスのAWSも急成長を始めていました。

そこで危機を救うためにナデラが託されたのが、検索エンジン「ビング」の開発、クラウド事業の強化でした。その成果が認められてナデラはCEOに就任しますが、ここからさらなる大仕事が待っています。肩を並べていたライバルたちに引き離され、自社内の危機感は低い。あなたがもしそんな

2 『Hit Refresh マイクロソフト再興とテクノロジーの未来』（サティア・ナデラ、グレッグ・ショー、ジル・トレイシー・ニコルズ著、山田美明、江戸伸禎訳、日経BP）

組織のリーダーなら、どうやってこの会社を改革しようとするでしょうか？

ナデラが目指したのはライバルへの羨望や闘争心を掻き立てることではなく、創業当初の「世界を変える」という目標に立ち返ることでした。力を入れたのがクラウド事業の強化と、セールスフォースに代表されるサブスクリプション方式の導入です。それまでのマイクロソフトはソフトウェアの売り切りで稼いでいましたが、ユーザーに継続して課金させて収益を稼ぐサブスクリプション型のビジネスモデルへと転換することを決意、売り切り型のパッケージ版ソフト「オフィス」を、サブスクリプション方式の「オフィス３６５（マイクロソフト３６５）」へ移行したほか、企業向けに提供していたＩＴシステムをクラウド・サービスの「アジュール」に置き換えたのです。

モバイル革命には出遅れたマイクロソフトも、再びクラウド事業では負けるわけにはいかないという決意がそこに込められているわけですが、こうしたビジネスモデルの転換は同社のように大成功した企業であればあるほど難しいものです。しかし、ナデラは見事に転換に成功、キャッシュフローが劇的に改善したことで市場からの評価も急上昇して、マイクロソフトの時価総額は２兆ドルを超えました。今では日本でも「ＧＡＦＡＭ」が浸透しています。

解決ポイント！

ナデラは、自分がチームや会社の窮地を救う術を知っているだけではだめで、全員が同じ価値観や背景知識を共有することにこだわりました。そうでないとリーダーシップを発揮できないと考えたのです。特にマイクロソフトのメンバーの多くは、成功をおさめた経験を持っています。しかしマイクロソフトに必要なのは、成功した事業から小さな売り上げしかない事業に軸足を移し、そこで勝つことでした。ナデラは新しい事業を任されるたびに、メンバー全員と個別に話し合い、意向を探り、質問し、耳を傾けることで、目指すべき戦略についての一致を取り付けていきました。

かつて倒産か身売りしかないと言われたアップルに復帰したスティーブ・ジョブズも、当時失われていた「すぐれた製品をつくって世界を変える」というアップルの魂を取り戻すことで同社を世界最強企業へと成長させましたが、ナデラが行ったのも、かつてゲイツとアレンが目指した「パソコンがテレビのように家庭に普及する」というビジョンを追い求めたマイクロソフトの魂を取り戻すことでした。ナデラは、チームを率いる際に、意見の一致を求めるか、専横に命令するかという選択は間違っており、必要なのは進歩や発展を推進する「明確なビジョンや文化」であり、そして「社員に希望を抱かせる」ことがリーダーの務めであるといいます。

業績が悪化し、先の見えない状態でがんばろうという気持ちにはなれません。そこでリーダーに求められるのは激励や発破ではなく、明確な方針を示し、未来の希望を描くことです。

ゴードン・ムーア（インテル創業者）の悩み

仲間に裏切られた

File.026
Intel

ゴードン・ムーアは半導体最大手インテルの共同創業者ですが、１９６５年に「Electronics」で発表した半導体技術の進歩に関する経験則「半導体回路の集積度は1年半から2年で2倍になる」という「ムーアの法則」でも知られた人物です。

カリフォルニアの小さな農村に生まれたムーアが化学に興味を持ったのは12歳の頃でした。クリスマスプレゼントでもらった化学の実験セットがきっかけで、友人とさまざまな化合物をつくっては実験を繰り返すうちに化学者になることを決意したと話しています。

１９４６年、サンノゼ州立大学に進んだムーアは2年後にカリフォルニア大学（ＵＣバークレー）に転籍、カリフォルニア工科大学で博士号を取得。元々は学者を目指していたムーアですが、担当教授から「世間にはどんなものがあるか見てみるべきだ、たぶん大学以外の所に行った方が君にとってはいいだろう」[1]というアドバイスを受けて、ジョンズ・ホプキンス大学応用物理学研究所に就職します。しかし、しばらくして所属していた研究グループが消滅、ウィリアム・ショックレーが設立したショックレー半導体研究所に入社することになりました。

同じ頃に入社したのが、のちにインテルを共に設立するロバート・ノイスです。その後、ショックレーのノーベル賞受賞が決まるなど研究所は絶頂期を迎えますが、シリコンを使ったトランジスタの商業化から4層ダイオードをつくることへの方針転換があったこと、ショックレーの管理能力に疑問を抱くようになったことで、ムーアはノイスたちとともに研究所を去ります。

ムーアたちは「8人の裏切り者」と呼ばれました。そして彼らは、フェアチャイルド・インダストリーのオーナーでIBMの大株主でもあったシャーマン・フェアチャイルドの支援を受け、フェアチャイルド・セミコンダクターを設立。ショックレー半導体研究所で実現できなかったトランジスタの商業化が目的の会社でしたが、やがてムーアの部下たちが退社し、新たな会社をつくってしまいます。裏切りです。

あなたならどうする？

できれば起きてほしくないことですが、もしあなたが仕事仲間に裏切られたらどうしますか？　訴訟などで相手を徹底的に追及する？　それとも信頼できる相手とチームを組み直す……？

1, 2, 3, 4　『インテルとともに ゴードン・ムーア私の半導体人生』（ゴードン・ムーア述、玉置直司取材・構成、日本経済新聞出版）

それまでにつくり上げた技術も持ち出されてしまったムーアが決意したのは、「とにかく技術開発競争では絶対に負けず、新しい技術をどんどん生み出せ」[2]でした。

解決ポイント！

今ある技術を持ち出されるリスクがある以上、それについて長い時間をかけて裁判するよりも、その技術が陳腐化するほどのスピードで技術開発を進める。それこそが勝つためには必要だというのがムーアの得た教訓でした。もう裏切られないようにするのではなく、また裏切られるかもしれないならどう行動するべきかと考えたのです。

その後、フェアチャイルドはトランジスタの技術上の課題を解決しようと取り組む過程でＩＣを発明、トランジスタとＩＣの爆発的な成功により１９６０年代半ばには世界最大の半導体メーカーに駆け上がりました。ところが、会社が成長するとともに問題が生じます。経営権をもつフェアチャイルド・インダストリーによる人事への介入や、コミュニケーションの悪さなどから開発が思うように進まなくなったことで、研究開発のトップだったノイスが退社を決意したのです。

「会社が本当に変化する可能性があるのか、新しいチャンスに賭けるのがよいか」[3]と悩んだ末、ムーアもノイスと行動を共にすることを決めます。こうした起業には多額の資金が必要で、スタートアップにはそれが大きなネックとなりがちですが、ノイスとムーアの過去の実績が評価され、２５０万ドルの資金が集まりました。

その後、インテルは１９８０年代の日本企業の攻勢を受けメモリ事業から撤退し、当時としては新しい分野だったマイクロプロセッサ事業へ進出することでついに世界的大企業への道を歩むことになりますが、一方のフェアチャイルドはノイスやムーアが去ったのち、経営陣の失態から有力な社員が続々と退社しました。

同社からはインテルを初めとした多くの独立企業が生まれ、「フェアチルドレン」と呼ばれています。こうした経緯を見ながらムーアは、成功している企業が変わることの難しさを痛感しますが、そこから得たのが、会社を離れることや成功した事業から撤退することを含め、「身の回りに何があるかをよく知り、見過ごせないほどチャンスが大きいと思ったらリスクを恐れるな。しかし、一度決断したら簡単にあきらめるな[4]」という教訓でした。気楽に失敗できること、大きなリスクも恐れないこと、大失敗と大成功は切っても切れない関係にあるということを、シリコンバレーを生き抜いたムーアは繰り返し語っています。

切った張ったのビジネスを好まない人や、過激な挑戦をするタイプでない人からすると、ムーアの仕事の仕方は恐ろしく思えるかもしれません。しかし、裏切りにあったり、会社に良くない変化が起きた時、どちらへ進むかを冷静に見極める姿勢は、人生を左右するはずです。

File.027
Microsoft

ポール・アレン（マイクロソフト創業者）の悩み
長年共にしてきたパートナーと関係が悪化した

マイクロソフトというと、ビル・ゲイツがあまりに有名ですが、そんなゲイツを学生時代から支え、マイクロソフトの創業へと導いたのが2歳年上のポール・アレンです。

レイクサイド・スクール時代、8年生のゲイツと10年生のアレンは出会い、2人はコンピュータのプログラミングの仕方を一緒に覚え、10代の頃から会社を起業してプログラミングの仕事をするパートナーでした。当時のことをゲイツはこう振り返っています。「私たちは3日連続とか、4日連続とか、誰が一番長く会社に泊まり込んでいられるか、競い合った。ちょっと上品ぶった人たちからは、『さあ、うちに帰ってお風呂に入ってきなさい』と言われたけどね」[1]

アレンとゲイツは、将来の起業も共に夢見ていました。

ある時、2人はサンドイッチを食べながら、「もしも起業したらどうなるか」を空想します。アレ

1 『アメリカン・ドリームの軌跡 伝説の起業家25人の素顔』（H. W. ブランズ著、白幡憲之、鈴木佳子、外山恵理、林雅代訳、英治出版）

ンが「何もかもうまくいったとしたら、僕たちの会社はどのくらい大きくなるのかな」とゲイツに尋ねたところ、ゲイツはこう答えたといいます。「そうだな。まあ、プログラマを35人くらい雇えるようにはなると思うよ」[2]

そしてそれすらも、当時のアレンにとっては途方もない話だったといいます。

そんなゲイツとアレンの前にチャンスが訪れます。チャンスは１９７４年12月に、アレンが見つけた雑誌の記事に載っていました。それはＭＩＴＳがつくった小型コンピュータ「アルテア８０８０」について書かれた記事で、アレンはゲイツに、自分たちでアルテア用ＢＡＳＩＣを開発してＭＩＴＳに売ることを提案。その気になったゲイツが何も書かずにＭＩＴＳに売り込みをかけ、アレンと共にわずか8週間で完成させ、納品するという荒業をやってのけた話は、169ページのゲイツの項目でも紹介しています。それは採用され、業界で初めての事実上の標準となりました。

以来、2人はマイクロソフトを創業し改めて共に歩み始めますが、本当にできるかどうかを考えずに「できる」と返事をして社員にもハードワークを強いるゲイツと、仕事の進め方に関する考え方が大きく異なるアレンは、徐々に対立を深めるようになります。１９８２年、アレンはゲイツに1通の手紙を書きます。要旨は次のようなものでした。

「とてもつらいことだが、ふた月ほど前、僕は一つの結論に達した。そろそろ僕は、マイクロソフト

2, 3, 4 『ぼくとビル・ゲイツとマイクロソフト アイデア・マンの軌跡と夢』（ポール・アレン著、夏目大訳、講談社）

を去るべきなのだろう、という結論だ。僕は、もう、きみと言い争うのに耐えられないんだよ。君は言葉で攻撃するんだ。その攻撃のせいで、これまでに僕一人だけでも何百時間もの貴重な時間が無駄になった。何年もそういうことが続くうちに、僕たちの友情は少しずつ壊れていったし、ともに仕事をするのも難しくなってきた。最初のうちは仲間意識でやっていたけれど、そんなものはもう、とうの昔になくなってしまった[3]」

あなたならどうする？

長年にわたって共に学び、共に夢を見て、共に創業し、事業を一緒にやってきたパートナーとの関係が悪化したら、あなたはどうしますか？　もしかするとパートナーは、あなたを失うと困るかもしれません。我慢して続けるべきか、別れるべきでしょうか？

解決ポイント！

ゲイツは、アレンのやりたい仕事をマイクロソフトの中でやってみてはどうかと説得しようとしますが、アレンはゲイツと離れること、1人でやることを決意し、マイクロソフトを辞めてソフトウェア会社のアシメトリックスを設立します。

なお、1983年にアレンがマイクロソフトを退職した際（その後1990年に復帰し、2000年に再び退社）、ゲイツがアレンの株を一株5ドルで買うといったところ、アレンは10ドル以上を要求して決裂。この時、ゲイツが5ドルをケチったことが、アレンに幸運をもたらします。1986年、マイクロソフトが株式を公開した際、アレンは20万株を売って1億7500万ドルを手にしたのです。この時、ゲイツとアレンは自分たちの夢を育んでくれたレイクサイド・スクールに220万ドルを寄付し、建設された理数センターは「アレン・ゲイツ・ホール」と命名されました。

それでもなおマイクロソフトの全株式の28％を持っているアレンの資産は、6年後には10倍になります。「これだけ資産があれば何でも好きなことができますね」と言う顧問弁護士に、アレンは「富が私に自由を与えたのだ。自由は徹底的に活用してやろう」と答えます。その言葉通り、アレンはNBAやNFLのチームのオーナーに就任したほか、宇宙事業などにも参入、やりたいことをすべてやった後、65歳の生涯を閉じています。一方のゲイツは、長くトップとしてマイクロソフトを牽引し、2008年に同社の日常業務を離れてからも慈善活動などに積極的に関与し、発言もしています。

長年苦楽を共にしてきた友人同士であっても、お互いのやり方や考え方の溝が深まると我慢ができない瞬間が来ることもあります。相手が変わることもなく、自分も変われない、譲れないとすれば、別々の道を歩むのがお互いのためです。ただし、2人がお金でモメなかったのは幸いといえるでしょう。

ピーター・ティール（ペイパル創業者）の悩み

成功のためにどんなメンバーを集めるべきか？

File.028
PayPal

「ペイパル・マフィア」という言葉を聞いたことはあるでしょうか。今を時めくイーロン・マスク（テスラCEO、スペースX創業者、172ページ参照）やリード・ホフマン（リンクトイン創業者）、チャド・ハリー、スティーブ・チェン、ジョード・カリーム（いずれもユーチューブ創業者）、マックス・レフチン（スライド創業者）、デビッド・サックス（ヤマー創業者）、ジェレミー・ストップルマン（イェルプ創業者）、キーラ・ラボワ（コースラ・ベンチャーズ創業者）といった起業家たちはいずれもペイパルの出身であり、お互いの企業に投資するなど固い絆で結ばれています。彼らは「ペイパル・マフィア」と呼ばれ、ピーター・ティールはその首領《ドン》として知られています。

ティールは1967年、西ドイツのフランクフルトで生まれ、鉱山会社で化学エンジニアとして働く父親の仕事の関係で引っ越しも多く、アフリカでの生活なども経験した後、9歳からアメリカで暮らし始めました。アフリカ時代から成績の良かったティールにとって学校のテストは「死ぬか生きるか」の戦いであり、チェスの選手としても13歳未満の部門で全米7位に入るほどのめりこんでいました。当時のことをこう振り返っています。「若い頃を振り返ると、僕は不健全なコースを歩んできて、競争に勝つことばかり考えていたのも不健全でした[1]」

高校を卒業したティールは地元のスタンフォード大学に進み、哲学を専攻。その後、スタンフォード・ロースクールに進み博士号を取得、連邦控訴裁判所の事務官として働いた後、憧れの連邦最高裁判所の事務官に応募しますが、不採用になります。初の挫折でしたが、この時の経験を踏まえてのちに学生たちにこうアドバイスしています。「完全に打ちのめされるような失敗をしたとしても、それがどうしたと言いたい。もっとやりがいのある道はいつだって見つけられるんですから[2]」

その後、ティールは大手法律事務所に就職しますが、そこは皆からは憧れられる場所であると同時に、実際に入れば飛び出したくなるような場所だったといいます。退職したティールはニューヨークの投資銀行で働き、資産価値を評価・分析するスキルを身につけた後、ウォール街を離れ、シリコンバレーに足を踏み入れます。

そこで出会ったのが、共に起業するマックス・レフチンです。金融業界で働いていたティールは、インターネット時代には「送金」に需要があることを気づいていました。当時のアメリカではクレジ

1, 2, 3, 4 『ピーター・ティール 世界を手にした「反逆の起業家」の野望』(トーマス・ラッポルト著、赤坂桃子訳、飛鳥新社)

ットカードは発達していましたが、それ以外の支払い方法となると小切手が中心であり、小切手の現金化には銀行に行き、何日か待つ必要がありました。こうした時代後れのやり方を改善し、ネット時代に相応しい簡単で信頼性の高い、かつ迅速な手段を提供することこそティールやレフチンの狙いでした。

1998年、2人は「コンフィニティ」を設立、ペイパルのウェブサイトで希望送金額と受取人のメールアドレスを入力、送信するだけで送金可能なサービスを開始します。画期的なサービスであり、ユーザー数も100万人を突破しますが、同社には強力なライバルがいました。それがイーロン・マスクの「Xドットコム」です。両社はユーザー数を伸ばすために激しい競争を展開します。

あなたならどうする?

もしあなたがある人物とライバル同士でこんな出会い方をしたら、相手との関係はその後どんなものになりそうでしょうか? 倒そうとしても、相手は強力で、ねじ伏せることは難しい。そのまま闘い続けるか、それとも……?

「勝者は1人しかいない」ことをよく知るティールとマスクは合併に合意します。誕生したのが「ペイパル」です。社風の違いなどから権力闘争を繰り広げることもありましたが、最終的にペイパルをイーベイに15億ドルで売却、ティールやマスクは大金を手に新たな道を歩むことになりました。

その後、同社の出身者は多方面で活躍、前述の通り、それぞれの事業を投資家として支え合うようにもなりました。それができるのは、絆を重んじるティールの採用への考え方が影響しています。

ティールはレフチンと採用に関してこんな会話を交わしていたといいます。「会社に何があっても壊れない友情で結ばれた、メンバー全員がよい友人である会社をつくりたいってね。僕らが雇ったのは、もともとの友人たちだけではありません。よい友人になると信じられる人を雇っていったんです」[3]

ティールによると、スタートアップに必要なのは、大半の人は理解しなくても、メンバーだけは深く理解している「ぶっ飛んだビジョン」と「固い絆」だといいます。「不変の友情や長期的な関係を築くことに時間を投資することによって、人生最高の利益を得られる」[4]というのが、ティールの成功哲学なのです。競争の激しいシリコンバレーにあって、少し意外に感じられるかもしれません。

解決ポイント!

目の上のたんこぶともいえるライバルと出会って、犬猿の仲のまま終わる人もいるでしょう。しかしティールのように、かつてのライバルを強力な仲間にすることもできるのです。特に事業の成功においては、初期のメンバーや最初の頃に採用するメンバーにかかっているといいます。誰と事業を始めるか、誰を採用するか、どんな関係を築くかには、とことんこだわるべきなのです。

サム・ウォルトン（ウォルマート創業者）の悩み

自分の成功を横取りされた

File.029
Walmart

世界最大の小売業と言えばウォルマートです。同社を創業したサム・ウォルトンの一族は「世界一のお金持ち一家」として知られています。１９１８年に生まれたサム・ウォルトンは、幼い頃から「何事もやるなら最善を尽くしなさい」と母親に教えられて育ちました。新聞配達をしていた子ども時代、顧客獲得のコンテストがありました。賞金は10ドルでしたが、ウォルトンは1軒ずつ家を回って次々と購読者を増やし、優勝したといいます。「彼には優勝すると分かっていた。そういう性格なんだよ」[1]という弟のウォルトン評を見ると、早くから情熱や野心、行動力に秀でていたようです。実際、高校時代には生徒会長をやり、クラブ活動にも熱中、「もっとも多才な生徒」に選ばれ、ミズーリ大学でも学生自治会の会長などを務め、「大活躍のウォルトン」と讃えられています。さらに高校から大学まで、授業料や食費、衣服代など生活と勉強に必要な経費は新聞配達で、年に４０００〜

1, 2, 3 『私のウォルマート商法 すべて小さく考えよ』（サム・ウォルトン著、渥美俊一、桜井多恵子監訳、講談社＋α文庫）

5000ドルを稼いですべて自分で賄ったといいますから、ほぼ同時期に生まれたウォーレン・バフェット（184ページ参照）並みの才覚を発揮しています。

そんなウォルトンが小売業の世界に入ったのは、兵役を終えた1945年のことでした。義理の父親から借りた2万ドルと、妻と2人で貯めた5000ドルで、アーカンソー州ニューポートのバラエティストア、ベン・フランクリンを買い取り、生来の勤勉さと社交性を生かして店を繁盛させていきます。最初はごく小さな店でしたが、5年後には年商25万ドル、純利益3万〜4万ドルの店にしたのみならず、近隣6州のベン・フランクリンの中でトップ、バラエティストアとしてはアーカンソー州1位の規模にまで大成長させたのです。

ところが、その成功を横取りしようとしたのが店の地主です。ウォルトンが結んだ店の借地契約には契約更新の権利が含まれておらず、地主は契約更新を拒否したのです。狙いは、繁盛する店を自分たちのものにすることでした。5年間の苦労が水の泡となったウォルトンは「まさか自分がこんな目に遭うとは」と不運を嘆きますが、結局黙って町を出て行くほかはありませんでした。

あなたならどうする？

自分が基礎からつくり、成果を生んだにもかかわらず、その成果をそっくり別の人間に（それもただそこにいただけの人間に）引き継ぐことになってしまったら、あなたはどうしますか？ 簡単に諦めたり、引き下がったりするでしょうか？

「この時期は、私の実業家人生で最悪の時だった。わが身に起きたことが信じられず、まるで悪夢を見ているような気持ちだった」[2]と、ウォルトンは当時のことを振り返っています。

地主からの要求は理不尽極まりないものでしたが、原因はウォルトンの法律上のミスであり、ただ諦めるほかありませんでした。

解決ポイント！

懸命に働いて自力でゼロから成功をおさめたのに町から追い出されるなど、こんな不公平なことはありませんが、ウォルトンは、いつまでも自分を責め、地主に腹を立てていても仕方がないと気持ちを切り替えます。「私は自分の不運にいつまでもくよくよしている人間ではないし、その時もそうだった。真剣にそれに取り組めば、禍も福に転じることができる、というのは時代遅れの格言ではない。私はいつも、トラブルとは自分に突き付けられた挑戦状だと考えており、この時もそう考えた」[3]と話している通り、とられた成果を取り戻すことに時間やエネルギーを使うのをやめたのです。

次に向けて気持ちを切り替えた当時、ウォルトンは33歳、手元には店を売却した5万ドル以上の資金と、経営のノウハウがありました。再起の場所として選んだのはアーカンソー州ベントンビルという人口3000人の田舎町でした。気持ちを切り替えたウォルトンは最新のシステムであるセルフサービス方式を導入した新しい店をオープンし、これまで以上の成功を収めます。

店は順調に成長しますが、一方で時代はバラエティストアからディスカウントストアに移り始めていました。このままでは大打撃を受けると気づいたウォルトンは、1962年に、ディスカウントストア「ウォルマート」1号店をオープンします。家も土地も一切合切を抵当に入れての勝負でした。すべての商品を値引きしたいというウォルトンの試みは、当時の人々には突飛な思いつきにしか見えず、その成功には懐疑的でしたが、結果として多くの人に支持されました。

ウォルトンはその後も快進撃を続け、ウォルマートを大成功に導き、亡くなった1992年には売上げ500億ドルを超える規模にまでなりました。

自分の成功を横取りされてもなんともない、という人はほとんどいないでしょう。誰でも落ち込みます。しかし、覆せない結論にいつまでもこだわったり落ち込んだりしていても、何も生まれないのもまた事実です。成功を横取りされたとしても、あなたの手にはそれを成功に導いた実績とノウハウが残っているはずです。失ったものより落ち込む時間を惜しみ、失ったものの代わりに手に入れた経験と学び、そして自信をもって、次なる挑戦を楽しみましょう。

ウォルトンの場合、成果をあげていたもとの業態にこだわらず、まったく新しい業態にチャレンジし、試行錯誤しながら成功にこぎ着けたことも見習うべきポイントです。

File.030
Samsung

イ・ゴンヒ（サムスン電子2代目会長）の悩み

チームが現状に満足し、新しい挑戦をしようとしない

今や世界的優良企業となったサムスンの歴史は、1938年の三星商会までさかのぼることができます。サムスンはもともと、1910年生まれのイ・ビョンチョルが日本留学から帰国して興した会社です。イ・ビョンチョルは、資源のない韓国が経済的に自立するには製造業の育成が欠かせないと考え、第一製糖や第一毛織、韓国肥料などを次々と設立、1969年にサムスン電子の前身となる「三星電子工業」を設立しました。

当初は日本企業の協力を得て白黒テレビなどの家電製品や真空管、ブラウン管などを生産していましたが、1982年に飛躍の基礎となった半導体事業に進出します。これまで同社を支援してくれた日本企業の関係者たちからは「止めた方がいい。失敗する」と止められますが、イ・ビンチョルは「会社を潰してもいい、韓国のためにやる」[1]と強い決意でこれを推進し、1984年に64キロDRA

1, 3 『世界最強企業サムスン恐るべし！ なぜ、日本企業はサムスンに勝てないのか!?』（北岡俊明、ディベート大学著、こう書房）

Mの量産にこぎ着けます。

そんなサムスンを世界的企業に押し上げたのが、彼の三男のイ・ゴンヒです。

1988年に「第二創業」を宣言し、後述する理由から、国内最大手になったサムスンの改革を進めようとしますが、社員の危機感の欠如から、思うように進みませんでした。

既にサムスンは利益を十分に出していましたし、国内最大手の地位も安泰でした。社内の誰もが「サムスンが一番だ」と信じ、イ・ゴンヒの抱いていた危機感を理解し共有する者はほとんどいなかったのです。


あなたならどうする？

自分だけが自社やチームの未来に危機感をもっている状況に立たされたら、あなたならどう動くでしょうか？　しかも、あなたのチームは今でも一見安泰という状況です。発破をかけようにも安泰なのです。それでもあえて不安を口に出すか、あるいはもう少し様子を見守るでしょうか？


イ・ゴンヒに再度改革を推進させるきっかけとなったのは、1993年、出張先のアメリカで目にした量販店の片隅に置かれたサムスン製品のみじめな扱いでした。売り場ではサムスン製品はGEやフィリップス、ソニーや東芝などの一流品に追いやられ、隅の方でほこりをかぶっていました。

イ・ゴンヒは役員たちにこう訴えました。「サムスンのテレビ、ビデオレコーダーは安物の代名詞のようです。わが社の製品がどれだけ冷遇されているかを自分の目で見たでしょう。二等は現状維持しかできず、大きくなれません。二等と三等は毎日忙しい。毎日その姿、その格好のままなのです。いまはきちんとやりましょうという時期ではなく、死ぬか生きるかの岐路に立たされているのです。世界の一等でなければ、生き残ることはできません」[2]。さらに、外部に依頼して出来上がった報告書の「サムスン電子にはサムスン病（著者注：大企業病）がある」という指摘もショックなものでした。

イ・ゴンヒは、韓国一に満足しきっているサムスンを世界の超一流企業に変えようと「新経営」を宣言、「妻と子ども以外はすべて変えよう」というスローガンを掲げます。かなり乱暴な言い方ですが、

解決ポイント！

1993年当時のイ・ゴンヒが意図していたのは、過去の成功に満足し、しみついてしまった慣習や古い考え方を打ち破るために、まずは自分から変わること、そしてすべてを変えることで、何が何でも世界一の企業になろう、というものでした。

「新経営」には多くの項目があります。

①量から質に転換する「品質優先経営」②効率を重んじる「一石五鳥の精神」③競争力を高める「集積化」「複合化」「事業の集中」④世界の一流企業や製品を研究する「ベンチマーク」⑤毎朝7時か7時半に仕事を始めて、すべての日課を4時か5時までに終える「七・四制」[3]

などからなりますが、イ・ゴンヒは当時のサムスンは韓国一の企業ではあっても、社内は無計画、

2 『サムスン経営を築いた男：李健熙伝』（洪夏祥著、宮本尚寛訳、日本経済新聞社）

浪費癖で、すべてにおいて具体性に欠けていました。「サムスン病を治し、真剣に世界一を目指さないと、サムスンは潰れてしまう」と考えていたのです。

イ・ゴンヒの有名なセリフに「1人の天才が10万人を養う」があります。トップは命をかけてもS級人材を探し、その人材のために金を惜しまないのがイ・ゴンヒです。事業も人材も選択と集中を重んじるのがサムスン流と言えるでしょう。

その後、サムスンは目標通り多くの分野で世界トップの仲間入りを果たしますが、それを可能にしたのは慢心が生まれつつあったサムスンの視線を韓国から世界へと変えさせたことから始まっています。ぬるま湯の体質を変えていくためには、これまで成功してきた舞台より、さらに大きな舞台に果敢に向かうことが必要なのです。

成功は人に自信を与えますが、自信が行き過ぎて慢心になると、成長は止まり、停滞、衰退へ向かいます。個人でもチームでも、小さな成功に満足し、自分/自分たちはうまくいっているという思い込みに陥れば、新たな挑戦をしようとはしなくなります。もしもあなたが個人として、リーダーとして、そこに甘んじることを拒むなら、視点を変え、目標を変えることです。目標を変えれば、「もっと」という欲が生まれてきます。

レイ・クロック（マクドナルド創業者）の悩み

人間関係の清算のために莫大な費用を払うか、我慢するか

File.031
McDonald's

レイ・クロックは幼い頃から学校で勉強するよりも、自分にできる仕事があればとにかくやってみるというほど働くのが好きな少年でした。高校に進んだものの、レモネードスタンドのアイデアを思いつくと、すぐに実行に移して、レモネードを大量に売っていますし、２人の友人とそれぞれ１００ドルを出資してミュージックストアを開き、楽譜や小さな楽器を販売するなど、学校よりも仕事が大好きだったのです。

第一次世界大戦中、両親の反対を押し切って赤十字病院の救急車のドライバーを務めた後、高校を中退したクロックはピアニストや不動産業、紙コップのセールスなどを経て、５種類のミルクセーキを同時につくる「マルチミキサー」の独占販売者となりますが、アメリカ中を旅する中で出会った「マクドナルド」がクロックの人生を変えることになります。

「マクドナルド兄弟なる人物が、サンバーナディノで8台のマルチミキサーを駆使して大繁盛している」[1]という情報を聞いたクロックはすぐに現地へと向かいます。クロックが目にしたのは、１９４０年にドライブインでスタートして、１９４８年からテイクアウト中心という当時としては新しい経営方式で大成功をしていたマクドナルド兄弟の経営する店でした。そこではハンバーガー、フライドポテト、飲み物がテキパキとした流れ作業で提供されており、価格も安いうえに、ことフライドポテトは「全くの別物」と言えるほどの出来栄えでした。

１１５セントで買えるハンバーガーと10セントで買えるフライドポテトを求めて続く行列を見て、その清潔な店やキビキビ働くスタッフたちに感動したクロックは、これと同じ店をアメリカ中の主要道路に展開させるという素晴らしいアイデアを思いつきます。「私はニュートンの頭に『ジャガイモ』が落ちてきたかのような衝撃を受けた」[2]と振り返っています。

クロックはすぐにマクドナルド兄弟と契約を結び、1号店のオープンに向けて全力で走り始めます。50歳を過ぎてからの挑戦でした。1号店のオープンには1年近くの準備期間が必要でした。理由は「完璧」を追い求めたからです。クロックの夢は、最高の味とサービスを何百もの店で再現することでした。クロックは味だけでなく、品質、サービス、清潔さにもこだわりました。基準を満たさない肉を見分ける50項目のチェックリストをオーナーたちに渡し、店内や駐車場だけでなく、周辺の道

1, 2, 3 『成功はゴミ箱の中に レイ・クロック自伝』（レイ・A・クロック、ロバート・アンダーソン著、野崎稚恵訳、プレジデント社）

にまで気を配るように指導しました。ネオンのつけ忘れを見つければカンカンに怒り、駐車場のゴミを見つけては厳しく指導しました。「忙しくて手が回らなかった」という弁解には耳を貸しませんでした。完璧を求め、取るに足らないようなことも見逃さなかったのです。

狙い通り、クロックが率いるマクドナルドは1961年までに約250店舗を出店しますが、さらなる拡大を考えた時、マクドナルド兄弟との契約が足かせとなり始めます。契約では何をするにつけてもマクドナルド兄弟の同意が必要になります。そこでクロックは、マクドナルドの権利を買い取ることを申し出ますが、マクドナルド兄弟の提示した金額は270万ドルという巨額のものでした。普通では考えられないほどの金額です。

あなたならどうする？

あなたならどうしますか？　既に大きな成功を収めている状況で、それ以上を望むなら巨大な負担を背負うことになります。やりたいようにやれない目の上のたんこぶはあっても、十分に稼ぐことはできます。波風を立てずにやり過ごす選択肢もあります。

解決ポイント！

法外な要求に怒りを爆発させたクロックでしたが、落ち着きを取り戻すと、提示された金額を支払うことに同意しました。当然、支払う金額は借り入れに頼るほかない莫大なものでしたが、それ以上に、マクドナルド兄弟から離れることで得られる自由とスピードこそが必要と判断したのです。

１９６１年、マクドナルド兄弟からすべての権利を買い取ったクロックは展開を加速させます。１９６３年には全米に１１０店舗を開き、過去最多の出店を記録、翌年の売上は1億ドルを超えました。さらに勢いを加速させるため、１９６５年には株式公開を果たし、翌年の7月には2億ドルの売り上げを記録、ゴールデンアーチのビルボードには「ハンバーガー20億個売上げ達成」という文字が躍りました。クロックは成功の秘訣をこう話しています。「やり遂げろ――この世界で継続ほど価値のあるものはない。才能は違う――才能があっても失敗している人はたくさんいる。天才も違う――恵まれなかった天才はことわざになるほどこの世にいる。教育も違う――世界には教育を受けた落伍者があふれている。信念と継続だけが全能である[3]」

長年一緒にやって来たビジネスパートナーが非協力的になったり、そりがあわなくなったりして、スピーディーな決定が妨げられるようになるということは起こり得ます。前進するにはそこから逃れる必要がありますが、そのためには金銭的、あるいは精神的にかなりの出血を伴うことになるかもしれません。出費やストレスを回避するか、自由やスピードをとるか。

買い取ってぐずぐずしていたらどうなっていたかわかりませんが、クロックの場合、意思決定の自由やスピードを優先し、急成長を実現したことが大きな成功を呼び寄せました。

ウォルト・ディズニー（ウォルト・ディズニー・カンパニー創業者）の悩み

専門家や評論家からの評判が悪い

File.032
The Walt Disney Company

ウォルト・ディズニーは１９０１年、イリノイ州シカゴで生まれました。父親はホテルや農場経営などに手を出すも、うまくいきません。仕事がうまくいかない父親は始終子どもたちにつらくあたったため、２人の息子は家出をしてしまい、１９１２年にはついに長男のロイも家を出ます。ただ１人残されたディズニーに対する父親の要求はさらに厳しくなりました。新聞配達などの疲れもあり、学校の成績もパッとしませんでしたが、漫画への好奇心は旺盛で、小学校の同級生が自分の描いた漫画を見て噴き出すのを見て、「漫画家になろう」と思い始めていたといいます。

第一次世界大戦のさ中、愛国心に駆られたディズニーは年齢を１歳ごまかして陸軍に志願し、赤十字の衛生兵として休戦後の１９１８年12月、フランスへと渡ります。父親は帰国したディズニーが自分の工場で働くものと決めつけていましたが、ディズニーの口から出たのは「僕はね、漫画を描くアーティストになりたいんだ」[1]という言葉でした。

1919年、銀行に勤務していたロイを頼ってカンザスシティーに移ったディズニーは、アニメーターやアニメーション制作を経験した後、ハリウッドへと向かいます。1923年のことです。当時のハリウッドは映画製作者たちが進出し始めてまだ10年と経ってはいませんでしたが、それでもいくつもの大型スタジオが建ち並ぶ夢の都となり始めており、ディズニーもスタジオで働こうと活動しますが、うまくいきませんでした。

普通はここで諦めて別の仕事を探すものですが、ディズニーは世の中には「仕事がなくてくじける人間と、仕事がなくても自分は何かできると信じる人間」[2]がいるといい、ロイと一緒に「ディズニー・ブラザーズ」を設立、カンザスシティー時代にやっていた短編アニメーションづくりに乗り出すこととなったのです。これがのちの「ディズニー」の実質的な設立と言われています。

2人は「アリス・シリーズ」や「オズワルド・シリーズ」で成功しますが、配給会社などと対立、すべてを失います。会社を再建するために試行錯誤の構想をしている中で新たに生まれたのが「ミッキーマウス」ですが、初めて効果音や声を吹き込んでつくった『蒸気船ウィリー』には大手配給会社はどこも関心を示しませんでした。

一度は就きたい仕事に就けず、それならと自分たちで起業したらそれも行き詰まってしまったとな

1, 3, 4, 5, 6 『ウォルト・ディズニー 創造と冒険の生涯』(ボブ・トマス著、玉置悦子、能登路雅子訳、講談社)
2 『アメリカン・ドリームの軌跡 伝説の起業家25人の素顔』(H. W. ブランズ著、白幡憲之、鈴木佳子、外山恵理、林雅代訳、英治出版)

ったら、あなたならどうしますか？　しかも、自分のアイデアにＮＯと言っているのは、大手、すなわち業界のプロフェッショナルです。

唯一、力を貸してくれたのがニューヨークのコロニー劇場でした。週５００ドルという高額でレンタルしてくれたうえ、「映画会社の連中ってのはね、大衆がいい映画だって言うまで分からないんだよ」[3]という大切なことを教えてくれました。

コロニー劇場で上映が始まるや、『蒸気船ウィリー』は大ヒット、マスコミも取り上げ、配給会社からも電話が来るようになりました。大衆の心を掴んでの大逆転です。やがてミッキーマウスは全米に知られ、１９２９年にはミッキーマウスクラブが各地で誕生、１９３１年には会員が１００万人を超えるほどの人気者となりました。

解決ポイント！

この時の経験からディズニーは大衆を深く信頼し、何をやるにしても大衆に直接ぶつけるようになりました。「大衆はずっと僕の味方だった。ミッキーマウスを真っ先に認めてくれたのは評論家でも興行主でもなく、それは大衆だった」[4]という言葉を残しています。

批評家よりも大衆を信頼するディズニーは次々と映画をヒットさせる一方で、１９５４年には映画界が懐疑の目を向けるテレビへの本格進出を決めるとともに、ディズニーランドの建設も発表します。テレビは大衆に直接働きかける方法であり、テレビでディズニーを知った大衆は映画館にも来てくれるという大衆への強い信頼がそこにありました。

ディズニーランドの建設には莫大な資金が必要でしたが、「創造力というものに値札はつけられないよ」[5]と言うディズニーは細部にまでこだわり、最高のものをつくるようスタッフに指示します。

そして完成したディズニーランドにたくさんの人が訪れるのを見て、スタッフにこう語りかけました。「ちょっと見てごらんよ。こんなにたくさんの嬉しそうな顔をいままで見たことがあるかい？こんなに大勢の人間が楽しんでるところをさ」[6]。その時のディズニーの顔もきっと、人々と同じくらい嬉しそうだったのではないかと想像できます。

生涯を大衆のための作品をつくることに捧げたディズニーは、１９６６年に65歳で生涯を閉じますが、映画もディズニーランドも変わらず多くの人々に愛され続けています。

「誰が勝者かはユーザーが決める」という言葉がありますが、誰よりもユーザーを信頼し、ユーザーのためにつくってこそ本当の勝者となれることを証明したのがディズニーです。専門家や大手にけなされても自信のあるアイデアは、大衆に真価を問うてみるべきでしょう。大衆に直接問うことのハードルが下がった現代で、このやり方を学ばない手はありません。

Chapter 4

強くなりたい！

メンタルやモチベーションについての問題解決

File.033
Meta Platforms

マーク・ザッカーバーグ（メタ創業者）の悩み

若さもあり、リーダーとして未熟だと言われる

両親とも医者という裕福な家庭で育ったマーク・ザッカーバーグは小学校6年生の時にパソコンを買ってもらい、プログラミングを始めています。中学生になり、同級生が「ゲームで遊ぶ」のに対し、「ゲームをつくる」ようになったザッカーバーグは、高校時代に友人と音楽再生サイト「シナプス」を立ち上げます。このアイデアにはAOLやマイクロソフトなどから100万ドルで買収したいというオファーがあったと言われていますが、独立心旺盛なザッカーバーグは断りました。

2002年、ハーバード大学に入学したザッカーバーグは、半年足らずの間に講義情報ソフトの「コース・マッチ」や美人投票ソフトの「フェイスマッシュ」といったサイトを立ち上げるなど、1年で12個ものプロジェクトを完成させていますが、やがてソーシャルネットワークに関心をもつようになります。当時、ハーバード大学は全部の寮の「フェイスブック（著者注：学生同士の交流のために配

られる人名録)」を集めてデジタル化すると約束していましたが、一向に進んでいませんでした。プライバシーへの懸念からでしたが、それならばユーザーに自分で自分の情報をアップロードさせればいいと考えたザッカーバーグは、ハーバード大学の学生だけが利用できる「ザ・フェイスブック」を、たったの1週間で立ち上げ、公開しています。2004年2月4日のことです。

ここからの成長スピードは目をみはるものがあります。「ザ・フェイスブック」は同大学で爆発的に会員数を増やしていきますが、その評判が他大学にも伝わったことで同年3月には同じく名門校のコロンビア大学やエール大学、スタンフォード大学、マサチューセッツ工科大学へとサービスの対象を広げていきます。サービス開始からわずか1か月で会員数は1万人を突破する人気でした。

当時、SNSではフレンドスターやマイペースが先行していましたが、いずれも「匿名で何でもあり」だったのに対し、「ザ・フェイスブック」は各大学のメールアドレスが必要で、実名登録というところに高い信頼性がありました。そして2004年4月、ザッカーバーグは同級生のダスティン・モスコヴィッツ、エドゥアルド・サベリン、クリス・ヒューズとともにフロリダ州でザ・フェイスブックを正式に会社登録、拡大に本腰を入れ始めます。そして9月、全米の大学に開放されたザ・フェイスブックは全米370大学で会員数200万人を突破。2005年9月には高校生へもサービスを開放し、2006年9月には「実名」と「顔写真」というルールを維持したまま一般利用者への全面開放に踏み切り、さらなる急成長を続けます。

一方でザッカーバーグは、若きCEOとして厳しい試練も経験しています。2006年、ヤフーから10億ドルという巨額の買収提案が寄せられた時、ザッカーバーグ自身は反対でしたが、社内の空気は「会社を売る」へと大きく傾いていたのです。他の取締役や投資家たちにとっては大金を手にするチャンスだったので、当然そういうことにもなりえます。しかしザッカーバーグは、周囲にいくら説得されても、こう反論して会社を売ることを拒みました。「これは大変なお金なんだ。それこそ人生を変えるかもしれないお金だ。だけど僕たちには、これ以上もっと大きく世界を変えるチャンスがある。誰かがこのお金を手にすることが、僕にとって正しい行動とは思えないんだ」[1]

社内では噂話が渦巻き、ザッカーバーグの経営手腕に対する不安が高まりました。

あなたならどうする？

あなたは若く、自分の経験のなさが誤った判断につながらないか不安もある――しかし、大きな決断をしなければならないとなったら、どうしますか？ 経験豊かな人のアドバイスを求めますか？

経営幹部の1人はザッカーバーグにCEOのためのレッスンを受けることを勧め、そうしなくては絶対にうまくいかないと言いました。コーチを雇うことになり、ここからザッカーバーグは変わり始めます。

1, 2 『フェイスブック 若き天才の野望 5億人をつなぐソーシャルネットワークはこう生まれた』（デビッド・カークパトリック著、滑川海彦、高橋信夫訳、日経BP）

ヤフーの提案に対し、ザッカーバーグが望んでいたのは、オープン登録や、自分の友だちが何をしているのか一瞬で分かる機能・ニュースフィードを進めたいということでした。実行の結果、オープン登録は成功でした。実施後は1日の伸びが2万人から5万人となり、これによって、フェイスブックはさらに成長できると社内のみんなが確信したのです。その直後、22歳のザッカーバーグは「こんなことを言うと心配するかもしれないが、ぼくは、仕事を通じて学んでいるんだ」[2]と、今後も学びながら、経営し続けることを宣言します。足りないところは走りながら身につけると決めました。

やがて株式を公開、インスタグラムを買収するなどSNSの覇者となったザッカーバーグですが、ユーザーのプライバシー保護への懸念などで大きな壁に突き当たります。社名も「メタ」に変更、「メタヴァースの覇者」を目指していますが、はたして同社を取り巻く厳しい環境を乗り切ることができるかどうか、間もなく40歳になろうとするCEOに大きな課題が突き付けられています。

解決ポイント!

若いということは経験のなさを意味しますが、変化の激しい時代には経験がないことがかえって有利に働くことも多いものです。「若さ」の持つメリットを活かしながら、走りながら学んでいく。自分を成長させていくことさえ忘れなければ、若さや経験のなさに自分で自分を不安がることはありません。

File.34
LVMH

ベルナール・アルノー（モエ・ヘネシー・ルイ・ヴィトン会長）の悩み

ここにいてはトップになれる見込みがない

傘下に五つの事業（ワイン・スピリッツ、ファッション・皮革、パフューム・コスメティック、ウォッチ・ジュエリー、セレクティブ・リテーリング）、70以上のブランド（クリスチャン・ディオール、ルイ・ヴィトン、モエ・エ・シャンドン、ヘネシーなど）を抱えるＬＶＭＨ（モエ・ヘネシー・ルイ・ヴィトン）会長のベルナール・アルノーは、フランスファッション界の「帝王」「法王」などと呼ばれる存在ですが、元々はファッション界とは何の縁もない若者でした。

フランス北部のルーベに生まれたアルノーの父親は、フェレ・サヴィネルという社員1000人ほどの建設会社を経営していました。裕福な家庭に育ち成績も優秀だったアルノーはフランスの名門エコール・ポリテクニク（理工科学校）に進学します。エコール・ポリテクニクは本来、科学者を育てるための学校でしたが、アルノー自身は科学者になる気もなければ、卒業生の一部が関心を示す高級官僚にも興味はありませんでした。

アルノーの関心はビジネスに向かっており、エコール・ポリテクニクが企業経営に役立つとは思えませんでしたが、どうせ勉強するなら一番上を目指したいからという動機で入学しました。当時から起業への関心が高かったアルノーですが、父親は大学を卒業したアルノーに会社経営を任せたばかりか、25歳の時には早くも社長の座に就けています。父親の期待通り、アルノーは若い頃から経営者として頭角を現しました。建設業から不動産開発へと業容を拡大し、1982年から1984年までの3年間、アメリカのニューヨークに暮らし、建設会社を経営しています。

このニューヨークでの経験が、アルノーにとって転機となります。

ニューヨークに移り住む前、初めてニューヨークを訪れたアルノーは、乗り合わせたタクシーの運転手に「フランスの何を知っているか」と質問しました。大統領の名前を尋ねると、こんな答えが返ってきたのです。「知らないね、でもクリスチャン・ディオールなら知ってるよ」。何気ない会話でしたが、この一言はアルノーに強い衝撃を与えます。当時、クリスチャン・ディオールというデザイナーは亡くなって20年余りが経っていましたが、「クリスチャン・ディオール」というブランドは時を超えて世界で知られていました。一方、アルノーが手掛ける建設業では、世界と伍していくことは難しそうです。当時、ニューヨークではドナルド・トランプが活躍していました。

あなたならどうする？

もし「ああ、このままここにいてもナンバーワンにはなれないな」と悟ったら、どうしますか？　業界でも会社でも、移籍を考えるでしょうか？　それともその場に留まって1位を目指しますか？

解決ポイント！

アルノーは経済学者ガルブレイスの言う「勝ち目のない分野で競争し、破産するよりも、フランスは得意とする高級ブランドの分野でリーダーを目指すべき」という言葉と、自らのアメリカでの経験を重ねることで、他の国にない「神話的な存在」であるフランスのブランドこそ世界に展開すべきだと確信します。チャンスはすぐに訪れました。

１９８４年、アルノーは経営不振により国の管理下に置かれていたブサック・サンフレールの買収に名乗りを上げました。目当てはクリスチャン・ディオールです。しかし、同社を手に入れるためにはブサック・グループすべてを買収する必要があります。

その規模はアルノーが社長を務める企業のなんと12倍であり、「小が大を飲む」どころのレベルではありませんでしたが、アルノーは銀行と組み、また実家の企業をまるごと担保に入れて4億フランを用意、自身のすべてを注ぎ込んでブサック・グループを手に入れました。

当時、35歳のアルノーは社会的にも無名に近い存在であり、「ルーベ出身でエコール・ポリテクニク卒の34歳（著者注：原文ママ）の建築屋がブサックを乗っ取った狙いは」と中傷に満ちた記事を書き立てられたほどですが、アルノー自身は「我々にはこの会社を再建する能力があると確信していました。その能力を疑ったことはありません」[1]と自信満々でした。

有力なブランドは一時低迷することはあっても、再生できるチャンスが必ず来ると信じるアルノーは言葉通り見事にディオールを立て直し、さらに88年にはやはり事業が混迷していたＬＶＭＨを買収、ディオールと結び付けます。そして10のブランドで１００億フランの売上だったＬＶＭＨを、２０００年には45のブランドで６００億フランの売り上げにまで成長させます。念願だった高級品ブランド産業の分野で、世界一を達成したのです。

「私は決して賭博師ではない。私には、世界最大の贅沢品を扱う会社をつくるという明白な目標があって、それに向かって着実にビジネスをしてきただけだ」[2]はアルノーの言葉です。

アルノーのビジネスの才覚が並外れているのは間違いないものの、本当に成功したいのなら「勝てる分野はどこか」を見極めるべきであるというのは、誰にでもあてはまることです。明らかに勝機のない場所で戦うよりも、勝てる分野を見極め、そこに全力を傾けるほうが、確実に勝利への道は縮まります。アルノーのように「明らかな勝ち筋」にこだわるのも手ですし、22ページのブライアン・チェスキー（エアビーアンドビー）のように「誰も思いつかなかった空白の場所」を見つけるのも一つの手です。

1,2 『ブランド帝国LVMHを創った男 ベルナール・アルノー、語る』（ベルナール・アルノー、イヴ・メサロヴィッチ著、杉美春訳、日経BP）

エド・キャットマル（ピクサー共同設立者）の悩み

ずっと追いかけていた夢が二度も破れた

File.035
Pixar

スティーブ・ジョブズとともにピクサーを設立、のちにウォルト・ディズニー・アニメーション・スタジオの社長も務めたエド・キャットマルの幼い頃の夢は「ディズニーのアニメーター」になることでした。ディズニーの映画が大好きで、自分でもパラパラ漫画をつくっていましたが、やがて「自分には絵がうまく描けない」と気づいて、夢を諦めました。

仕方なくキャットマルはユタ大学に進学、モルモン教徒として2年間の伝道経験を積むために大学生活を中断します。そして大学に戻ったちょうどその頃、コンピュータ・サイエンス学部が開設され、キャットマルはその第1期生となりました。

1969年にコンピュータ・サイエンスと物理学の学位を取得して卒業したキャットマルは、ボーイングに就職しますが、ほどなくして同社が数千人の社員を解雇、キャットマルも職を失います。そうして大学院に入学したキャットマルは、子ども時代の夢を思い出しました。コンピュータ・グラフィックスを使えば、アニメーションの長編映画がつくれるのではないか、と考えたのです。

今でこそコンピュータはあらゆる画像をつくり出すことができますが、当時のコンピュータはようやく静止画像をつくれるようになったところでした。しかし、キャットマルはこの技術を極めることで、たとえ絵は下手でも、代わりにコンピュータで絵を描き、アニメーションもつくれるようにすればいいと考えたのです。

キャットマルはCGの開祖アイバン・サザーランドに師事し、新しい技術を生み出しました。そして研究プロジェクトの一環として短いアニメーション映像を制作することに成功します。これは1976年公開の映画『未来世界』にも使われ、キャットマルにとって初めての映画産業との出会いとなりました。

そんなキャットマルの映画への思いを知るサザーランド教授は、キャットマルをディズニーの経営陣に紹介しますが、ディズニーの経営陣は映画の制作にCGを使うことには興味を示さず、ディズニーランドに導入するアトラクションの設計への参加を提案しただけでした。ここに来て夢を諦めきれないキャットマルは、アレグザンダー・シュアーが開設したニューヨーク工科大学のコンピュータ・グラフィックス研究所の所長に就任します。

シュアーはアニメーション映画の制作熱にとりつかれていましたが、当時のアニメーションはアニメーターの膨大な手作業でつくられており、それをコンピュータでできないかと思い描いていたのです。キャットマルはシュアーの支援の下、人もお金もたっぷり使うことができました。集まったメンバーは長時間労働も厭わず、ただひたすらに「ディズニーになることを目指して」いました。

そして1975年、『チューバ吹きのタビー』という映画が完成します。

ところが、それは「フレームは埃っぽく、線の下には影ができ、音楽はうっとうしく、筋は癇に障り、作品自体が痛恨の極み」[1]という最悪の出来で、結局は従来通りの技法でつくられました。メンバーの1人は「俺の人生を2年も無駄にしちまった」と嘆いたほどでしたが、それはキャットマルも同様でした。キャットマルは映画製作の技術を追い求めることはできても、最も大切なプロットや筋、愛すべきキャラクターのことを考えていなかったのです。「金さえあれば良いわけではないことがはっきりした。技術の才能だけでもダメだ。価値ある映画をつくるためには、映画のストーリー作りを心得たメンバーを加える必要がある」[2]と言っています。

一度諦めた夢をもう一度追い、やっぱりダメだとなったら、あなたはどうするでしょう?

大きな挫折を経験したキャットマルはその後、ルーカスフィルムでデジタル合成技術の開発を続け

1, 2 『メイキング・オブ・ピクサー 創造力をつくった人々』(デイヴィッド・A・プライス著、櫻井祐子訳、早川書房)

ますが、その当時、出会ったのがウォルト・ディズニー出身で、解雇されたばかりのジョン・ラセターでした。ラセターには映画のストーリーやキャラクターを生み出す才能と、CGへの理解がありました。しばらくしてジョブズがこのチームを買収したことでピクサーが誕生、1995年に世界初の全編フルCG長編アニメ映画『トイ・ストーリー』が誕生することとなったのです。

解決ポイント！

「技術が芸術を刺激し、芸術が技術に挑む」[3]はピクサーが大切にしている標語の一つですが、ピクサーの成功は、CG技術に長けたキャットマルが自分に足りないものを懸命に補った結果としてもたらされたものなのです。

「ずっと夢見ていたものが自分の才能では足りないようで、難しい」と自覚すれば、誰だってつらいものです。中には、このままではどれほど努力しても厳しそうだとわかってはいても諦めきれず、打ち手も変えずにずるずると夢にしがみついてしまう人もいるかもしれません。

しかし、世の中にすべてを1人でこなせる天才はいません。大切なのは「自分の得意なもの」だけでなく、「自分に足りないもの」を自覚して、それを補ってくれる人や方法を見つけ出していく力なのです。そこを意識して注力すれば、自分の足りない部分を埋める（プラスマイナスゼロ）以上の結果をも出せるのだということを、キャットマルから学ぶことができます。

3 『ピクサー流マネジメント術 天才集団はいかにしてヒットを生み出してきたか』（エド・キャットマル著、小西未来訳、武田ランダムハウスジャパン）

ビル・ゲイツ（マイクロソフト創業者）の悩み

難しいことを「できるか？」、ないものを「あるか？」と聞かれがち

File.036
Microsoft

裕福な家庭に育ち、天才に近い知能指数をもつビル・ゲイツは、子どもの頃から「何でも一番」でなければ気がすまないという強い競争心を持っていました。コンピュータとの出会いはシアトルの名門レイクサイド・スクールの2年生の時です。当時、コンピュータはあまりに高価で、一般的ではなかっただけに、教える教師自身、あまりコンピュータに詳しくなく、ゲイツは瞬く間に教師を追い越していきました。コンピュータの虜になったゲイツは、2歳年上でのちに一緒にマイクロソフトを創業することになるポール・アレンたちとともにコンピュータ室に入り浸るようになり、やがて独学でゲームのプログラムなどを書くようになっていったのです。

コンピュータに夢中になりながらも学校の成績も良かったゲイツは、1973年にハーバード大学に進学しますが、エネルギーの大半はそれまでと同じようにコンピュータに向けられ、ゲームのプロ

グラムをつくるために「36時間以上ぶっ続けに仕事をして、10時間近くぐったりして、出かけてピザを平らげると再び仕事に戻る」という無茶苦茶な生活でした。

思い描いていたのは「25歳までにまずは100万ドル稼ぐ」ことと、「いつの日か、コンピュータがテレビと同じように家庭でありふれたものとなる日が来る」ことでした。ゲイツは学生時代から自分の才能に自信をもち、ソフトウェアをつくる才能も持ち合わせていましたが、「僕はこんなすごいものをつくったから買ってほしい」というタイプではありませんでした。[1]

そんなゲイツとアレンの前にチャンスが訪れます。

1974年12月、MITSがつくった小型コンピュータ「アルテア8080」について書かれた記事を雑誌で見つけたアレンは、ゲイツに、自分たちでアルテア用BASICを開発してMITSに売ることを提案します。当時はハードウェアはあっても、それを動かすプログラムはセットされていませんでした。チャンスです。しかし、手元にはまだ売り込むべきものが何もありません。

あなたならどうする？

見事やってのければ大きな成果となりメリットがある依頼やチャンスを前に、自分の準備がゼロだったり作業がまったくできていない状態だったら、あなたはどうするでしょうか？

なんとゲイツは、まだ何も書いていないにもかかわらずMITSに売り込みをかけ、アレンと共に

1 『ビル・ゲイツ 巨大ソフトウェア帝国を築いた男』（ジェームズ・ウォレス、ジム・エリクソン著、奥野卓司監訳、SE編集部訳、翔泳社）

わずか8週間で完成させ、納品するという荒業をやってのけました。それはゲイツ自身、「あれは僕が書いたプログラムの中でも、最高のプログラムだった」と振り返るほどのものであり、業界で初めての事実上の標準となったのです。

そして１９７５年にマイクロソフトを創業したゲイツに、再び絶好のチャンスが訪れます。

１９８０年、コンピュータ業界の巨人ＩＢＭはアップルⅡの成功を見てパソコン市場への参入を決意します。当初、ＩＢＭは別のＯＳを考えていましたが、交渉が不調に終わったことでマイクロソフトに開発を依頼、ゲイツはシアトル・コンピュータ・プロダクツから7万５０００ドルで手に入れたＯＳをＩＢＭのＰＣ用に改良し、ＰＣ-ＤＯＳとして納品したのです。ゲイツはＩＢＭとの取引自体はかなり安く契約していますが、代わりにほかのメーカーともライセンス契約できるようにしました。結果、多くのメーカーがＩＢＭ互換機の製造を始めたことでＭＳ-ＤＯＳはゲイツの狙い通りコンピュータのＯＳの標準となりますが、ゲイツはＭＳ-ＤＯＳの限界も理解していました。

飛躍のためにはアップルのスティーブ・ジョブズが進めるＧＵＩを採用したマッキントッシュ（発売は１９８４年）の技術を取り込んだＯＳ開発が必要でした。

解決ポイント！

ゲイツはそれを「ウィンドウズ」と名付け、設計すらできていない1983年に発表しました。購買力のあるユーザーが競合他社の製品を購入することを防ぐ方法の一つは、自分の会社はもっとすご

い製品をつくっているということであり、ゲイツの先走っての発表はまさにそれでした。

しかし、今度ばかりは簡単にはいきませんでした。「Windows1.0」がようやく完成したのは発表から2年も経った1985年。このバージョンはゲイツが期待したほど成功せず、1990年の3・0までさらなる時間を要することになります。たいていの人は「ない」ものを「ある」とは言いませんし、ちゃんとできてから話を進めようと、まずはつくることに全力を注ぎますが、ゲイツの場合は、まず契約を交わしたり、ライバル商品の邪魔をしたうえで、全力で開発を進め勝利と富を手にします。ゲイツにとっては、プレッシャーと勝利の喜びががんばる力になるようです。

ゲイツについては、「悩み」とくくるのはやや無理やり感があったかもしれません。上司や取引先からの「これできますか?」「方法はありますか?」という言葉にひるんでしまう人は多いですが、ゲイツは平気で「できる」「ある」と答えてしまうからです。しかし、ひるんでしまいがちな人は、このゲイツの「できます」「あります」という答えを、まず言ってみてほしいと思います。ゲイツにしても、そう答えて実現できなければまずいわけです。言った以上はやるほかはありません。そのプレッシャーは大きな力になり、これまで眠っていたあなたの底力を引き出す役に立つはずです。

なお、そんなゲイツの苦難については、130ページでその一端を垣間見ることができます。

イーロン・マスク（テスラCEO、スペースX創業者）の悩み

莫大な費用をかけて飛ばしたロケットがすぐ空中で爆発する

File.037
Tesla, SpaceX

イーロン・マスクは1971年、南アフリカ共和国生まれです。子ども時代のマスクは無類の読書好きで、1日に2冊の本を読み、ファンタジー小説やSF小説をたくさん読んだことがのちの「世界を救う」という考えにつながっているかもしれないとマスクは話しています。コンピュータにも人一倍関心を持っていました。10歳でプログラミングを独学でマスターし、12歳の時には自作の対戦ゲームソフトを売り、500ドルを手にしているほどです。まさに天才です。

マスクはアメリカの、やる気さえあれば何でもできるという精神と、最新のテクノロジーへの憧れからアメリカへの移住を希望しますが、簡単ではありませんでした。それでも諦めきれないマスクは次善の策として母親の親戚がいるカナダに移住します。チェーンソーを使った木の伐採やボイラー室の清掃といった過酷な労働の日々を送ったのち、1990年に19歳でカナダのクイーンズ大学に入学

します。

2年後に奨学金を得てようやくアメリカのペンシルベニア大学ウォートン校に進学。同校で物理学と経済学の学士号を取得したマスクは１９９５年、応用物理学を学ぶため名門スタンフォード大学の大学院物理学課程に進みますが、「新聞などのメディア向けにウェブサイトの開発などを支援するソフトウェアを提供する」というアイデアを思いつき、わずか2日間で退学しています。

すぐさまオンラインコンテンツ会社「ＺｉＰ２」を起業しますが、当時のマスクはお金もなく、厳しい生活を強いられます。しかし、「貧しくてもハッピーであることは、リスクを取る際に大きな助けになります」[1]と、気にすることはありませんでした。「ＺｉＰ２」と「Xドットコム（のちのペイパル）」の成功を経て１億６５００万ドルを手にしたマスクは、学生時代から考えていた「人類救済」に乗り出します。

最初に描いていたのは火星に「バイオフィア」と呼ばれるミニ地球環境を持ち込んで、植物を栽培する構想でしたが、肝心の安くて信頼性の高いロケットがなかったため、自分でつくろうと設立したのがスペースXです。２００２年、スペースXを設立したマスクが事業開始にあたって目指していたのは「宇宙分野のサウスウェスト航空」になることでした。

同社は格安航空会社の雄として低価格、低コストを実現、企業としても優良企業として知られてい

1 「日経ビジネス」2014年9月30日

ましたが、同様にスペースXも宇宙ビジネスの「価格破壊」を実現しながら優良企業を目指そうとしました。しかし、ロケットの開発にはとてつもないリスクがつきまといますし、莫大な費用もかかります。にもかかわらず、マスクは設立から15か月で打ち上げを行うという無茶な計画を立て邁進します。スペースXが初めてロケットの打ち上げに挑戦した2006年3月には、発射からわずか25秒で制御不能となり地上に落下しています。2度目の挑戦は2007年3月ですが、この時もロケットは空中分解して爆発しています。3度目の挑戦は2008年8月で、ロケットの第一段と第二段が切り離された際に爆発事故を起こしています。

あなたならどうする?

民間人でありながらロケットを飛ばし、最初の3度が落下、空中分解、爆発……これほどでなくても、派手なことに挑戦し、人々の注目の中で派手な失敗を重ねたら、あなたならどうしますか?

「こんなことでへこたれるな。すぐに冷静になって、何が起きたのかを見きわめて、原因を取り除けばいい。そうすれば失望は希望と集中に変わるんだ」[2]。マスクはそう言ってうちひしがれる社員を励ましましたが、実はマスク自身もこの時期にはどん底を迎えていました。マスクが経営するもう一つの会社テスラモーターズは「ロードスター」の開発が遅々として進まず、資金的に苦境に立たされていました。それでも諦めないマスクは「最後の1ドルまで会社のために使いたい」と挑戦を続けます。

2 『イーロン・マスク 未来を創る男』（アシュリー・バンス著、斎藤栄一郎訳、講談社）

そして、マスクの執念がようやく実る日が来ました。2008年9月、これが失敗したらすべてを失うという4度目の挑戦の日、ついにファルコン1を軌道に投入することに成功しました。それは、周囲の「できるわけがない」という侮蔑を覆す快挙であり、マスクは「この地球上で達成できたのはわずか数カ国しかありません」と高らかに勝利宣言をしています。この実績が評価され、スペースXは2008年12月に16億ドルのロケット打ち上げ契約（12回分の補給契約）を獲得、テスラも含めて危機を脱することになったのです。

解決ポイント！

今や宇宙開発のトップランナーとなったスペースXですが、その特徴は「人前での失敗を気にしない」ところにあるといいます。実際、ロケットの再利用を目指す実験も何度も失敗していますが、失敗の原因を素早く見極めて対策を講じることで成功へとつなげています。こうした、人前での失敗を恐れない姿勢こそが、マスクが偉業を成し遂げられる理由の一つです。

挑戦に失敗はつきものです。特にそれが大きな挑戦ならなおさら大きな失敗をしたり、恥をかく確率も上がります。かといって失敗や恥を恐れていては何もできません。失敗を恐れず、失敗の原因を見極め改善する力こそが成功をもたらします。マスクほどのリスクの取り方はなかなかできるものではありませんが、もとは何も持っていなかったからこそできたと言えるかもしれません。

ジェリー・ヤン（ヤフー創業者）の悩み

思い描いたものとは違うチャンスが降ってきたらどうするか？

File.038
Yahoo!

ジェリー・ヤン（Jerry Chih-Yuan Yang、漢名・楊致遠）は、1968年に台湾の台北市で生まれました。2歳で父親が亡くなり、10歳の時に家族でアメリカに渡っています。当時のことをこう振り返っています。「私は母から〝忍耐の法則〟を学びました。ヤフー!を創業して以来、確かにつらいことはいくつもありましたが、シングルマザーとして私たちを育ててくれた母の苦労に比べれば全然大したことではありません。母は、幼い二人の息子を連れて、数個のスーツケースとともに、台湾からアメリカに渡りました。当時、私は10歳でした。知っている英語といえば、〝シュー（靴）〟だけ。心が折れても無理はないという状況でした」[1]

カリフォルニア州で暮らし始めたヤンは苦手だった英語を3年で熟練レベルまでマスターし、高校では大学レベルの英語のクラスに在籍するほどになりました。「勉強も仕事も遊びも、何をやるにも

1, 2, 3, 4, 5 『巨大な夢をかなえる方法　世界を変えた12人の卒業スピーチ』（ジェフ・ベゾス、ディック・コストロ、トム・ハンクス、サルマン・カーン、ジャック・マー、チャールズ・マンガー、イーロン・マスク、ラリー・ペイジ、シェリル・サンドバーグ、マーティン・スコセッシ、メリル・ストリープ、ジェリー・ヤン著、佐藤智恵訳、文藝春秋）

全力で取り組みました。ただひたすら努力を積み重ねました」[2]というほどのがんばりの甲斐あって、ヤンは名門スタンフォード大学の電気工学に進みます。大学を卒業したヤンは就職する予定でしたが、卒業年の1990年はニュースで「今年の求人市場縮小　大卒の雇用率13％減」と報じられるほど先行きの暗い時代でした。ヤンは、就職先を見つけることができませんでした。

あなたならどうする？

卒業して働くはずが大学院で研究することに……。キャリアプランやライフプランが思い通りにいかない時、あなたはどんなことを考え、どんな気持ちで次なる道を歩み始めますか？

　ヤンはしぶしぶ大学院に進みましたが、すぐ夢中になれるものを見つけます。スタンフォード大学大学院に進んだヤンは、共にヤフーを創業することになるデビッド・ファイロとともに博士論文に取り掛かりました。「より早くて効率的なコンピュータチップの設計に必要なアルゴリズムを研究する」というテーマでしたが、その途中、「ウェブというクールで新しいものを発見してしまった」[3]のです。これがヤンの人生を変えることになりました。

解決ポイント！

仕方なく大学院に進んだヤンでしたが、ファイロと共に、論文そっちのけでウェブ上のリンクを分類する作業に没頭します。当時、ビジネスにしようとは考えていませんでした。「世の中の人々が自分たちのウェブサイトを訪れてくれたら、素晴らしいサービスを提供しよう。そうすれば自分たちも楽しいぞ」[4]という気持ちだけで夢中になって作業を続けます。

ところが、２人のつくった「ウェブのディレクトリ・サービス」に関心をもったベンチャーキャピタルのセコイア・キャピタルが「これをビジネスにしたいので１００万ドルを提供したい」と申し出たことで、２人は１９９５年３月にヤフーを共同で設立することになったのです。ヤンにとっては想像もしていなかった出来事でしたが、当時を振り返ってハワイ大学の卒業式講演で学生たちにこう語りかけています。

「セレンディピティ（偶然の出会いや巡り合わせに気づく能力）や可能性に対してオープンでいてくださいということです。何となくうまくいくと思うのだけれど、自分が描いてきたキャリアのプランとは少しずれている。そんな仕事にめぐりあったとします。そのときは、チャンスをつかんでください。そしてそれに全力を捧げてください。情熱にまかせて進むことを恐れなくてもいいのです。素晴らしい結果が待ち受けていますよ」[5]

設立から１年後の１９９６年、同社はナスダックで株式を公開、２人は資産家となったほか、会社も１９９０年代半ばの初期インターネット時代の先駆者となり、２０００年に入っても、グーグルにシェアを奪われるまでは最も人気のあるウェブサイトであり続けました。

ヤンにとって想像もしなかった人生ですが、それは大好きなことに出会うたびに一生懸命にやり、途中で見知らぬ小道に足を踏み入れた結果の幸運でもあったのです。
そんなヤンとの出会いで大きなチャンスを手にしたのがソフトバンクの創業者・孫正義です。1995年11月、アメリカに滞在していた孫はヤフーのことを知り、ヤンとファイロに会い、いくつかの質問をした後、5％の出資と日本法人の設立を提案しています。しかし、1996年2月、再びアメリカに行き、ヤンたちに会った孫はヤフーへの出資比率を5％から35％に引き上げたいと申し出ます。当時のヤフーは社員が15人、売上げ2億円に対し1億円の赤字を出していました。いくらヤフーが株式公開を間近に控えているとはいえ、そんな企業に100億円を投じるのはあまりに無謀に思えると反対されましたが、孫は「僕の直感に黙って100億円預けてほしい」[6]と自社の役員を説得します。この決断により孫は多額の利益と会社成長への武器を手にし、ヤフーも日本での確固たる地盤を獲得しました。

何につけ計画を立てるのは大切なことですが、計画にこだわり過ぎると、せっかくのチャンスを逃すこともあります。大切なのは計画通りに進めること以上に、目の前に降りてきたチャンスを掴む力です。願ったものと違う、という見方をせず、願っていたものとは違うがこれはこれで面白そうだ、という視点をもつことを心掛けてほしいと思います。

6 『孫正義 起業のカリスマ』（大下英治著、講談社＋α文庫）

オードリー・タン（台湾デジタル担当大臣）の悩み

ネットによる社会の軋轢や分断をいかに解決するか

File.039
Minister of Digital Affairs

2020年、世界中が新型コロナウイルスの急速な感染拡大に脅える中、最も注目された人物の1人が台湾のデジタル担当大臣（デジタル担当政務委員〈閣僚級〉）を務めるオードリー・タン（唐鳳）でした。知能指数180以上、中学以後は学校に行かず、16歳で会社経営に参画、35歳で台湾史上最年少の大臣に就任と、異色の経歴の持ち主です。

タンは1981年、台湾の首都・台北市で生まれました。生理学的には男性で、唐宗漢という名前でしたが、24歳でトランスジェンダーであることを公表、名前もオードリー・タン（唐鳳）に改名します。心臓に病を抱え、家の中で過ごすことの多かったタンですが、自宅には父親の膨大な書物があり、3歳の頃には子ども向けの本を読み、子ども向けの百科事典を一字一句記憶するほどでした。早々に計算もできるようになったタンですが、4歳になり幼稚園に通うようになると、ほかの園児から仲間はずれにされるようになり、２回転園して三つの幼稚園に通っています。

小学校に入学してからも、既に連立方程式を解くまでになっていたタンにとって授業は退屈極まりなく、教師による体罰や同級生からのいじめもありました。学校は休みがちで、独学で学び始めたパソコンとプログラミングだけがタンの唯一の楽しみだったのです。

やがて父親が暮らすドイツに留学したタンは、権力や権威で子どもたちを抑え込もうとする台湾の学校と、厳しいけれど言葉で説得するドイツの学校の違いを知ったことで、台湾に帰り、「台湾の教育を変えたいんだ！」[1]と考えるようになります。台湾に帰ったタンは週３日だけ学校に通い、あとはインターネットとプログラミングに夢中になります。

高校には進学せず、ＩＴの世界で生きることを誓ったタンは１９９６年、ＩＴ企業「資訊人文化事業公司」という会社の立ち上げに参加、自ら開発したソフトウェアが世界で大ヒットを記録します。その後、同社を離れ明碁電脳に入社、シリコンバレーに派遣されますが、そこでタンは「ソフトウェアは、みんなが自由にプログラムを書いて、誰もが無料で使える、生活と社会の進歩のための道具でなければならない」[2]という自らの信念に近い「フリーソフトウェア運動」や「オープンソース運動」に出会い、自らの立ち位置をはっきりと自覚します。

２０００年、台湾に戻ったタンは「傲爾網」という会社を立ち上げ、並行して、オープンソースと

1, 2, 4, 5 『「オードリー・タン」の誕生 だれも取り残さない台湾の天才IT相』（石崎洋司著、講談社）

Perlを広めるためのオンラインコミュニティ「芸術家独立協会」も主宰、仲間を増やします。アップルやオックスフォード大学出版局の顧問も務め、十分な資産を手にしたタンは「今こそ公共のために身を投じるべきだ。今後の時間をそのことに捧げよう」[3]と考えるようになります。ひまわり学生運動の教訓を元に、台湾では政府からの提案のうち意見が対立しそうな事柄について、あらかじめ市民の意見を聞く「vTaiwan」という仕組みが誕生していますが、それを主導したのが国民党のデジタル担当大臣だった蔡玉玲であり、制作に協力したのがタンでした。

2016年、民進党の蔡英文総統の下、新しいデジタル担当大臣に就任したタンは「オープンな政府」を目指して活動を続けます。同時に力を入れたのがネット上の「ニセ情報」への対処です。ネット社会の発展につれ、フェイクニュースの量は増え、惑わされる人も増えます。

あなたならどうする?

あなたの会社やサービスがもしフェイクニュースで難局に立たされたら、どうするでしょうか?

解決ポイント!

「ネット上にニセ情報が流れても、その1時間以内にユーモアを交えて、真実の情報を発信すれば、ニセ情報よりも速く伝達し、人々も正しい情報を信用するものなのです」[4]と考えるタンは、「すばやく(Fast)、公平に(Fair)、ユーモアを持って(Fun)の3つのF」で対処しました。

たとえば、「7日以内に毛染めとパーマをすると罰金が課せられる」というフェイクニュースが流

3 『オードリー・タン デジタルとAIの未来を語る』(オードリー・タン著、プレジデント書籍編集チーム編集、プレジデント社)

れた時、台湾政府の「フェイクインフォメーション調査室」は、行政院長のフェイスブックに若い頃と現在の二枚の顔写真を載せて、こんな投稿をしました。

「たしかに私は現在髪の毛がないが、だからといってそのように皆を罰したりしない。もっとも、1週間以内に毛染めとパーマをすると、髪が傷んでわたしのようになってしまうよ」――「こんなふうに、ユーモアを交えた広告は、みんなが喜んで、広がりやすいので、フェイクニュースに強力に対抗できるのです」とタンは話しています。日本では想像がつかない、攻めた内容です。

こうした環境を整えるのがタンの役割であり、その先にあるのが「みんなの問題をみんなで解決する」開かれた政府です。コロナ禍における「マスクマップ」（6000以上の販売拠点のマスク在庫状況が3分ごとに自動更新されるアプリ）の作成も、①政府が情報をオープンにして、②問題に関心を持つみんなが解決のために動く、そんなシステムがあればこそ可能だったのです。

ネットは便利なものである一方で、時に人や会社に牙をむきます。適切な対応ができなければ、取り返しのつかない事態にもなりかねません。タンの言う「3つのF」を覚えておくとよいでしょう。また、なかなか真似できることではありませんが、不遇な環境にあっても世を恨まず、社会をいい方向に変えようとするタンの姿勢にも、学ぶべきものがあります。

ウォーレン・バフェット（バークシャー・ハザウェイ会長）の悩み

自信をもって決めた選択を、周囲から「間違っている」と言われる

File.040
Berkshire Hathaway

ウォーレン・バフェットは「世界一の投資家」と呼ばれ、また「オマハの賢人」として多くの人の尊敬を集める存在です。２０２０年8月に日本の五大商社への投資を行い、それが大きなニュースになるところに、90歳を過ぎてなお影響力の大きなバフェットのすごさが感じられます。

バフェットが初めて株式投資を行ったのは11歳の時です。6歳でチューインガムやコカ・コーラを売って手にした１２０ドルを元手に株を買い、わずか数ドルの儲けを手にした時、バフェットが学んだのが「買った時の株価ばかりに拘泥してはならない」「慌てて小さな利益を得ようとしてはいけない」といった教訓です。幼い日に実践を通して学んだこうした教訓や原理原則を、大人になって成功してからも守り続けるところに、バフェットの特徴があります。「使うお金は入るお金よりも少なく」や「複利式の考え方」も早くから大切にしている習慣です。

やがて「生涯の師」とも言えるベンジャミン・グレアムに出会ったバフェットは父親の証券会社とグレアムの会社で働いたのち、当時としては珍しい田舎町オマハで、株式投資のみで生計を立てる自営業者の道を選んでいます。尊敬できる人の下で働くか、さもなくば独立するというのがバフェットの働き方です。優れた人と付き合えば、自分も向上できるのに対し、つまらない人と付き合うと、あっという間に滑り落ちていくというのがバフェットの人間関係の原則であり、いくらお金のためでも大切な信頼できる人との縁を切ることはしないというのも大切にしている原則です。

バフェットの投資哲学は、①短期の売買などせず優れた株をまずまずの価格で買って長期保有する、②株価に一喜一憂せず事業の中身に注目する、③分散投資ではなく優れた企業に集中投資する、④自分が本当に理解できる事業に投資する――など、ウォール街的な考え方とは一線を画するものばかりです。

なかでも「能力の輪」と呼ぶ、自分がよく知る分野に限って投資するルールはとても大切にしています。そのため、バフェットは急成長する人気のIT株などには目もくれず、自分が本当に理解できる、どんな環境でも成長が期待できる企業に投資することがしばしばで、そのせいで他の投資家や批評家から「時代後れ」「昔日の象徴」などと痛烈に批判されることもよくありました。

たとえば、インテル（126ページ参照）の創業に際し、バフェットが理事を務めていた大学の財務委員会が同社への投資を決めた際、バフェットは委員として賛成票を投じてはいますが、自らは投資をしていません。その後のインテルの成長を見れば、バフェットは莫大な富を手にするチャンスを見逃したことになります。こうしたことがしばしばあるため、同業者やマスコミから前述のような野次を飛ばされるのがしばしばなのです。

あなたならどうする？

あなたは、自分では自信をもって決めたつもりの決断や言動について、周囲からさんざん「間違っている」「そのやり方は古い」などと批判や嘲笑を受けたら、どう感じるでしょうか？　不安になって自分の考えや行動を見直す？　とにかく自分が正しいのだとまったく耳を貸さない――？

バフェット自身は、インテルの件を「失敗」とは考えませんでした。なぜなら、バフェットにとっての失敗というのは、自分がよく知る分野の企業、つまり能力の輪の中にある企業への絶好の投資のチャンスがあったにもかかわらず投資をしなかったケースであり、能力の輪の外にある企業に関しては投資をしないのが原則であり、当然だからです。

投資の世界には見送り三振はありません。自分にとっての絶好球を待ち、その時だけバットを振ればいい、というのがバフェットの若い頃からの変わらぬ考え方です。しかし、ウォール街の人たちや専門家はそんなバフェットの考え方を知ってか知らずか、テクノロジー系の企業やＩＴ企業を無視す

解決
ポイント！

ることに疑問を呈し、バフェットのことを容赦なく批判します。

しかし、そんな逆風の中でもバフェットは決して自分の信念を曲げることはありませんでした。大切なのは、周りがどう言っているかではなく、自分が正しいと確信しているかどうか。そしてその判断ができるのは、意固地なのではなく、自分の中に明確な行動指針や判断基準があるからです。

結果、半年、1年と経つうちに流行の株が株価を下げ、多くの人が損害を被る中、バフェットはしっかりと利益を上げ、「やはりウォーレンの言うことは正しかった」と評価を上げるのが常でした。その慧眼は、ビル・ゲイツ（168ページ参照）をして、彼には人より少し先の未来を見る才能があると言わしめているほどで、バフェットは自分のやり方を貫き通すことで、史上初めて投資のみで資産10兆円超えを達成した伝説の投資家となったのです。

流行に乗らないこと自体、流れの速い現代ビジネスシーンでは奇異に映りますし、それで失敗や損をしている（ように見える）ならば、なおさら視線は痛いものになるでしょう。さらに非難までされれば当然つらいですが、バフェットのことを知ると、大切なのは自分が正しいと信じる根拠があるかどうかだということがわかります。自分の中に明確な根拠や判断基準があり、自分が正しいと思えるならば、自分の意志を貫けばいいのです。

スティーブ・ジョブズ（アップル創業者）の悩み

お金も人脈もなく、あるのは夢だけ

File.041
Apple

スティーブ・ジョブズは1955年2月24日誕生、生まれてすぐにポール・ジョブズとクララの養子になりました。大事に育てられたジョブズですが、幼少期はいたずらばかりする問題児でした。そんなジョブズの隠れた才能を見抜いたのが小学校四年生の時の担任の先生です。先生のお陰で学ぶ楽しさを知ったジョブズは、「人間のチャンスは平等であるべきだと強く信じている。……平等なチャンスとは、なによりも『すぐれた教育』だと思う」[1]と教育への強いこだわりと信念を口にしています。ハイスクールに進んだジョブズは後に共にアップルを創業する年長の友人スティーブ・ウォズニアック（84ページ参照）と知り合い、自分たちの可能性を感じます。

1972年、名門のリード大学に進みますが、わずか半年で退学。地元に帰ってゲーム会社のアタリで働いたり、インドへ行ったりします。ちょうどその頃、初のパーソナル・コンピュータと言える

1 『ジョブズ・ウェイ』（ジェイ・エリオット、ウィリアム・L・サイモン著、中山宥訳、SBクリエイティブ）

コンピュータ・キットのアルテアが登場します。コンピュータが好きな人間が集まるホームブリュー・コンピュータ・クラブに参加していたジョブズは、ウォズニアックがつくり上げたアップルIを見て、「自分たちでつくって売ろう」と提案、1976年4月、2人でアップル・コンピュータ（以下、アップル）を設立します。

ただ、問題はお金でした。車と電卓を売ってつくった1000ドルしか持たない会社が、コンピュータショップのはしりを経営していたポール・テレルからアップルI50台、計2万5000ドルもの注文を受けたのです。ジョブズの厚かましいほどの営業力の賜物でした。ホームブリューでウォズニアックがアップルIを紹介したところ、テレルは苦手だったジョブズに「様子を知らせろ」とだけ声をかけます。ジョブズは翌日すぐにテレルを訪問、商談がまとまったのです。それはウォズニアックが「アップルの歴史でも、あれが一番のエピソードだね」[2]と言うほどのものでしたが、ジョブズたちには、なんと肝心の部品を買うお金がありませんでした。

あなたならどうする？

進めたい、進めなくてはならないけれど、金銭的な問題や納期の問題で「どう考えても無理」となったら、あなたはどうしますか？　まずは資本や納期の調整をしなくては、と思うでしょうか？

大手パーツ業者を訪問したジョブズに対し、業者は「本当に注文したのかテレルに確認しておく」

2 『スティーブ・ジョブズ 偶像復活』（ジェフリー・S・ヤング、ウィリアム・L・サイモン著、井口耕二訳、東洋経済新報社）

と答えました。厄介払いのつもりでしたが、ジョブズは「電話をするまで帰らない」と粘り抜き、2万ドル分の部品を30日払いで卸してもらうことになったのです。さらに組立業者などまで説き伏せて、後払いで仕事を依頼、お金のない中で見事に注文に応えることができたのです。

解決ポイント！

ひたすら粘る。交渉成立まで帰らない。ジョブズらしいですが、普通の神経ではなかなか難しいこのシンプルな方法が、ジョブズの解決策でした。

アップルⅠでささやかな成功を手にしたジョブズは、ウォズニアックがつくり上げたアップルⅡでより大きな成功を目指すようになります。目指したのは組立不要の、すべてが揃ったコンピュータであり、ケースに入った家電製品のようなコンピュータでした。理由は自分だけのコンピュータを組み立てたいと思うハードウェアおたく1人に対して、「そこまではできないけれどもプログラミングくらいやってみたいという人が1000人いる」[3]と信じていたからです。

しかし、そのためにはまたもやたくさんのお金が必要になります。そこで、ケースをつくり、宣伝を行うための資金を出してくれる人を探し始めます。ジョブズはやはり粘りに粘って取引を開始してもらうことができた広告代理店から紹介されたドン・バレンタインというのちにセコイア・キャピタルを設立する投資家に会いに行きます。

しかし、バレンタインはジョブズに「話をする気にもならない」と答えます。するとジョブズは、

3 『スティーブ・ジョブズの流儀』（リーアンダー・ケイニー著、三木俊哉訳、武田ランダムハウスジャパン）

「代わりに何人か推薦して欲しい」と依頼、それから1週間、毎日何回もバレンタインに電話をかけ続けます。根負けしたバレンタインは3人の投資家を紹介し、その1人が、元インテルのマイク・マークラでした。アップルⅡに魅せられたマークラは莫大な資金を提供しただけでなく、会社としての将来ビジョンを描き、ジョブズに「成功したければ、成功した企業のように振る舞う」ことを教えました。

ジョブズのもくろみ通りアップルⅡは爆発的に売れ、パーソナル・コンピュータの世界に最初の革命を起こすことになります。そしてアップルは1980年12月に株式を公開、ジョブズは2億ドルを超える資産を得て、自力で財を成した最年少の大金持ちとなったのです。

ビジョンと情熱があれば、「お金も人脈も何もない」は乗り越えられるということを、ジョブズほど見事に証明した人はいません。逆に、ビジョンや情熱がなければ、たとえお金があったとしても何事もなしえないのです。

傍から見ていると冷や冷やするほどの厚かましさも、情熱と確信があってこそのものだといえます。56歳で惜しくもこの世を去ったジョブズですが、その情熱が生んだ圧倒的なイノベーション、数々のエピソードは、今後も未来永劫語られることでしょう。

ジャック・ウェルチ（ゼネラル・エレクトリック元ＣＥＯ）の悩み

結果を出しているのに評価も給与も上がらない

File.042
GE

ジャック・ウェルチはＧＥの伝説のＣＥＯです。ＧＥに入社した頃から「30歳までには年俸３万ドル」を目標に掲げ、入社13年目には「ＣＥＯになる」ことをはっきりと目標に掲げていました。自信家であり、野心家でもありました。

ウェルチの両親は決して裕福ではありませんでしたが、息子を温かく、しかし厳しく育てていました。高校時代、アイスホッケーのキャプテンだったウェルチはチームが７連敗したことに腹を立て、スティックを力いっぱい投げ捨てました。すると、ロッカールームに母親がやってきて、「なんてだらしないの。負け方を知らないなら、いつまでたっても勝てるわけないでしょう」と叱りつけたといいます。そんな母親は勉強にも厳しい人でした。息子に、「勉強しなければクズになる。楽な道なんか一つもない。世間を甘く見るんじゃない」と教えていました。

大学を卒業したウェルチは、名門のＧＥに就職が決まりますが、わずか1年で退職を考えました。理由は、年俸が１０００ドル昇給したものの、同僚４人全員が同額の昇給をしたと知ったからです。

普通に考えれば、入社1年目なら周りと同じでも昇給すれば喜ぶところですが、ウェルチは規定通りの昇給に我慢ができませんでした。「私が目指していたのは『群れから抜け出す』ことだった」[2]といっています。

あなたならどうする？

「人と同列では我慢できない」と思ったら、あなたはどうしますか？　みんな同じなのだから仕方ないと思うでしょうか？　それが、あなたが思うより低い平均だとしたらどうでしょう？

群れから抜け出そうと、ウェルチは1年目から人一倍働き、上司の期待に常にプラスアルファの成果で応えていました。にもかかわらず、同じ評価しか得られないのなら、そんな会社に留まる意味はない、とウェルチは考えました。なんとか上司からさらに２０００ドルの昇給と権限強化を約束されたことで退職を思いとどまったウェルチは以来、「他者との差をつける」ことを根幹に置くようになります。「勝つチームは差をつけることから生まれる。有能な人を優遇し、無能な人を排除し、常に切磋琢磨しながら目標のバーの高さを上げていく」という言葉を残しています。

常にトップを目指して走り続けたウェルチは１９８１年、46歳の若さで、ＧＥの歴史上、最年少の

1, 2, 3　『ジャック・ウェルチ わが経営 上』（ジャック ウェルチ、ジョン A.バーン著、宮本喜一訳、日本経済新聞出版）

会長兼ＣＥＯに就任します。ＧＥは、発明王トーマス・エジソンに由来する、長い歴史を誇る名門企業ですが、当時のＧＥには３５０の事業があり、43の事業部門に分けられていました。しかも製品は電子レンジなどの家電製品から半導体のシリコンチップ、原子炉と実に多種多様でした。しかし、そのすべてがうまくいっているわけではありませんでした。収益の90%を稼ぎ出すのは、わずか15の部門であるというのが実態だったのです。

「群れから抜け出す」ことでＧＥを最強の企業にしたいウェルチは、ビジネスの世界で生き残るのは強い者だけであり、弱い者は消え去るのみとして、事業の選択と集中を打ち出します。そして、勝ち残ることができる企業は次の三つだけだといいました。

①ナンバーワンかナンバーツーに徹底的にこだわって、最高の効率と低コストを実現した高品質の製品やサービスを提供している世界的企業
②他社と差をつける優秀な技術を持っている
③自ら飛び込んだニッチマーケットで優位性を発揮できる企業[3]

優秀な事業だけを残して、後は切り捨てるというウェルチの方針に反対する人はたくさんいました。3位や4位につけて、それなりの利益を上げている事業が「1位でも2位でもない」という理由でなぜ切り捨てられなければならないのか、というわけです。

解決
ポイント！

しかし、ウェルチは耳を傾けず、GEの核となるハイテク事業、サービス事業といった21世紀につながる事業を中心に据える作業を推し進めます。**結果、117の事業と製品部門を手放し、一方で160億ドルもの新規投資を行いました。**手放した数も始めた数もすさまじいものです。

「市場で4位から5位でいると、ナンバーワンがくしゃみをしただけで肺炎にかかってしまう。ナンバーワンなら、自分の命運をコントロールできる」

「ナンバーワン、ナンバーツー」戦略によってGEは世界最高企業と呼ばれるようになり、ウェルチは99年、『フォーチュン』誌の「20世紀最高の経営者」に選ばれました。こうした功績のすべては、新入社員当時に決めた「群れから抜け出す」ことを目指し、自分の信念を貫いた結果です。

もしあなたが集団から頭一つ抜け出したいのなら、成果を上げることはもちろん、待遇などにもとことんこだわるべきです。「みんなと同じ」なのは仕方ない、「みんながやっている」からこれでいい、といった考えのままでは、頭一つ抜け出すことは難しいでしょう。そのマインドセットから、圧倒的な成果は生まれません。若い頃なら出る杭は打たれることもありますし、リーダーになってからは周囲の大反対にあうこともあるでしょう。しかも、楽でないどころか大変なことが目に見えているその道を貫かなくてはいけません。それでも、貫くことができる人は、確実に「頭一つ抜けた」成果を得るはずです。

カーネル・サンダース（ケンタッキー・フライド・チキン創業者）の悩み

挑戦したいと思った時、65歳だった

File.043
KFC Corporation

「カーネル・サンダース」（「カーネル」は、ケンタッキー州に貢献した人に与えられる「ケンタッキー・カーネル」という名誉称号）こと、ハーランド・デーヴィッド・サンダースは、１８９０年、３人兄弟の長男として生まれています。６歳の時、精肉店を営んでいた父親が亡くなったため、母親は３人の子どもを養うために缶詰工場に働きに出ます。代わりに長男のサンダースが家事を行っていましたが、そこで気づいたのが自分は料理が好きだということでした。サンダースは小学校に通いながら農場で働くようになりますが、厳しい労働を通して一生懸命に働くことの大切さを知ります。

12歳の時に母親が再婚、一家の生活は楽になるかと思われましたが、義父との仲が険悪になったサンダースは14歳で中学校をやめ、家を出ます。以来40もの職を転々とした後、30代後半でガソリンスタンド（ケンタッキー州ニコラスビル）を始めますが、１９２９年の世界恐慌のあおりを受けて倒産しま

あなたならどうする？

す。不運ではあっても、とにかく一生懸命働くことが当時のサンダースの信条でした。

そんなサンダースの真面目な仕事ぶりを評価した石油会社シェルオイルが１９３０年、ケンタッキー州コービンに新しく建てるガソリンスタンドの経営をサンダースに任せます。ガソリンスタンドは繁盛しますが、ある時、サンダースは「車にガソリンが必要なように、お客さんにはおいしい食事が必要だ」ということに気づきます。サンダースはガソリンスタンドの横の小さな物置を改造してテーブル一つと、椅子6脚だけの「サンダース・カフェ」を始めます。提供したのはフライドチキンやハム、豆やビスケットといったありふれたものでしたが、清潔さに気を使い、丁寧につくった料理にこだわるサンダース・カフェは評判になり、たくさんの客が訪れるようになりました。

「車にはガソリン・人にはおいしい食事」というアイデアに自信をもったサンダースは徐々に事業を拡張、１９４１年、当時としては大規模な１４２席もある「サンダース・カフェ」を建設します。サンダース・カフェの目玉となったのが１９３９年に完成した、11種の秘伝のスパイスと１００％植物油を使って圧力釜で揚げる「ケンタッキー・フライド・チキン」です。しかしそれから10年余り後、サンダースは再び不幸に見舞われます。新しいハイウェイがつくられ、車の流れが変わったことで、店が維持できなくなったのです。サンダースはその時、既に60歳になっていました。

せっかくアイデアが花開き軌道に乗っていたのに、不可避の外的要因で店を続けられない……もし

1, 2, 3, 4 『カーネル・サンダース 65歳から世界的企業を興した伝説の男』（藤本隆一著、文芸社文庫）

あなたがサンダースの立場に置かれたら、どう考えるでしょうか？　あなたは60歳、悔しいですが、チャレンジよりも引退が、一般的な道にも思える年齢です。

サンダースは、一度はすべてを諦めようとしますが、「どんな状況に置かれようと自分から諦めることはしない。何か自分にできることを見つけて生涯働き続ける」と決意します。思いついたのが「フライドチキン」です。

解決ポイント！

ただ、今まで通りにフライドチキンを売るにはレストランが必要になりますが、カーネルにその力はありません。自分のレストランを持たずにフライドチキンでビジネスをするためには、フライドチキンのつくり方を他のレストランに売るしかないと考えたのです。

1956年、66歳になったサンダースは、ついにサンダース・カフェを手放すことになります。66歳のサンダースの手元に残ったのはわずかのお金と中古の車、そしてフライドチキンのレシピだけでした。本格的にフランチャイズを展開するためには全国のたくさんのレストランを訪ね、フライドチキンのおいしさを知ってもらうほかありません。サンダースは中古のフォードに圧力釜とスパイスを入れた瓶を積んで旅に出ます。しかし、簡単には契約は取れません。カーネルは費用節約のために車の中で眠り、食事は見本でつくったフライドチキンだけという生活を続けますが、当然それらは60代半ばのサンダースにとってはとてもつらいものでした。それでも友人たちの支えも得て、さまざまな工夫をこらしてレストランにアプローチした結果、１年目に７軒のレストランと契約、４年目の１９６０年にはアメリカで２００店舗、カナダで６店舗のフランチャイジーが誕生します。

１９６４年、74歳のサンダースは、アメリカ最大のフランチャイズ・レストランに成長し、年間利益が37万ドルに達したフランチャイズ権を２００万ドルと年間４万ドルのサラリーで売却しますが、その後も「味の親善大使」として世界中を巡ります。「あの時、人生を諦めないで良かった[3]」が、その時のカーネルの思いでした。晩年、「何を始めるにしても、ゼロからのスタートではない。失敗やムダだと思われたことなどを含めて、今までの人生で学んできたことを、決して低く評価する必要はない[4]」と言っています。

いつの日か、新しいことに挑戦したいけれど、自分にはお金もこれというノウハウもないし、年齢的にも難しいのではないかと感じる日が来るかもしれません。そんな時には、サンダースのことを思い出してほしいと思います。自分に何もないことを挑戦しない理由にするのが損であるように、年齢も挑戦を諦める理由にはなりません。さらに、身に降りかかる不運さえも、必ずしもマイナスではないことを、サンダースは教えてくれます。

おわりに

人生をより良く生きるためには良き師、良きロールモデルと出会うことが理想ですが、かつてのような距離の近い人間関係が失われた今、学生時代も社会人時代もこうした人たちと出会うのは難しくなってきています。

そんな時、会ったことはないけれども、自分が憧れている人や尊敬している人を念頭に「こんな時、○○だったらどうするのだろう」と問いかけることで答えが見つかることはあります。

私自身、スティーブ・ジョブズに関する本を何点も手掛けていた時、「もしジョブズが上司だったら」「もしジョブズが同僚だったら」などと勝手な想像をめぐらすことがありましたが、こうした問いかけは時に新しい気づきにつながったり、時に既にある自分の決意をより強固にしてくれることがありました。

はじめにも書いた通り、人生というのは選択の連続であり、そして今の自分は過去の選択の結果なのです。

だとすれば、これからぶつかるであろう問題や悩みに際し、できるだけ良い選択をすることがより良い人生や仕事につながっていくはずです。

「より良い」というのは、単に「こっちのほうが得だ」という意味ではありません。

本書をお読みいただいた方はご存じの通り、本書に登場する起業家たちは時に思いもかけない選択をしています。成功する確率があまりに低く、大きなリスクのある場合や、周りの誰もが反対するような選択さえも大胆に行うことで、その後の成功につながる道を切り開いてもいます。その意味でも、選択というのは難しく、かつ大切なことがよくわかります。

本書をお読みの読者の方はこれから先、さまざまな選択をされていくと思いますが、是非自分の情熱や心に沿ったより良い選択をされますように。その際、本書が少しでもお役に立てばこれにまさる幸せはありません。

いきなり世界最高峰CEOのような決断ができなくても、彼らの行動指針や情熱への忠実さを知ったこと、彼らのぶつかった悩みを追体験したことは、きっとあなたの仕事に何らかの影響をもたらすことと思います。

参考文献

『巨大な夢をかなえる方法　世界を変えた12人の卒業スピーチ』ジェフ・ベゾス、ディック・コストロ、トム・ハンクス、サルマン・カーン、ジャック・マー、チャールズ・マンガー、イーロン・マスク、ラリー・ペイジ、シェリル・サンドバーグ、マーティン・スコセッシ、メリル・ストリープ、ジェリー・ヤン著、佐藤智恵訳、文藝春秋
『レッドブルはなぜ世界で52億本も売れるのか　爆発的な成長を遂げた驚異の逆張り戦略』ヴォルフガング・ヒュアヴェーガー著、長谷川圭訳、日経ＢＰ社
『エクストリームフットボール　欧州の勢力図を塗り替える巨大ドリンクメーカーの破壊的戦略』カラン・テージワニ著、結城康平訳、カンゼン
『Hit Refresh　マイクロソフト再興とテクノロジーの未来』サティア・ナデラ、グレッグ・ショー、ジル・トレイシー・ニコルズ著、山田美明、江戸伸禎訳、日経ＢＰ社
『ツイッターで学んだいちばん大切なこと　共同創業者の「つぶやき」』ビズ・ストーン著、石垣賀子訳、早川書房
『ツイッター創業物語』ニック・ビルトン著、伏見威蕃訳、日本経済新聞出版社
『Airbnb Story　大胆なアイデアを生み、困難を乗り越え、超人気サービスをつくる方法』リー・ギャラガー著、関美和訳、日経ＢＰ社

『Spotify 新しいコンテンツ王国の誕生』 スベン・カールソン、ヨーナス・レイヨンフーフブッド著、池上明子訳、ダイヤモンド社

『ジャック・ウェルチわが経営』 ジャック・ウェルチ、ジョン・A・バーン著、宮本喜一訳、日本経済新聞出版

『ブランド帝国LVMHを創った男　ベルナール・アルノー、語る』 ベルナール・アルノー、イヴ・メサロヴィッチ著、杉美春訳、日経BP

『メイキング・オブ・ピクサー　創造力をつくった人々』 デイヴィッド・A・プライス著、櫻井祐子訳、早川書房

『ビル・ゲイツ　巨大ソフトウェア帝国を築いた男』 ジェームズ・ウォレス、ジム・エリクソン著、奥野卓司監訳、SE編集部訳、翔泳社

『NET FLIX　コンテンツ帝国の野望　GAFAを超える最強IT企業』 ジーナ・キーティング著、牧野洋訳、新潮社

『NO RULES 世界一「自由」な会社、NETFLIX』 リード・ヘイスティングス、エリン・メイヤー著、土方奈美訳、日本経済新聞出版

『パラノイアだけが生き残る　時代の転換点をきみはどう見極め、乗り切るのか』 アンドリュー・S・グローブ著、佐々木かをり訳、日経BP社

『逆風野郎！ダイソン成功物語』 ジェームズ・ダイソン著、樫村志保訳、日経BP社

『アマゾン・ドット・コム』 ロバート・スペクター著、長谷川真実訳、日経BP社

『Amazonをつくったジェフ・ベゾス』 ジェニファー・ランドー著、中村伊知哉監修、スタジオアラフ訳、岩崎書店

『ジェフ・ベゾス　果てなき野望』 ブラッド・ストーン著、井口耕二訳、日経BP社

『ベゾス・レター：アマゾンに学ぶ14ヵ条の成長原則』スティーブ&カレン・アンダーソン著、加藤今日子訳、すばる舎

『FAILING FAST マリッサ・メイヤーとヤフーの闘争』ニコラス・カールソン著、長谷川圭訳、KADOKAWA

『デルの革命　「ダイレクト」戦略で産業を変える』マイケル・デル、キャサリン・フレッドマン著、國領二郎監訳、吉川明希訳、日本経済新聞出版

『世界最強企業サムスン恐るべし！　なぜ、日本企業はサムスンに勝てないのか!?』北岡俊明、ディベート大学著、こう書房

『グーグル秘録　完全なる破壊』ケン・オーレッタ著、土方奈美訳、文藝春秋

『Google 誕生　ガレージで生まれたサーチ・モンスター』デビッド・ヴァイス、マーク・マルシード著、田村理香訳、イースト・プレス

『ぼくとビル・ゲイツとマイクロソフト　アイデアマンの軌跡と夢』ポール・アレン著、夏目大訳、講談社

『UPSTARTS　Uber と Airbnb はケタ違いの成功をこう手に入れた』ブラッド・ストーン著、井口耕二訳、日経BP社

『アップルを創った怪物　もうひとりの創業者、ウォズニアック自伝』スティーブ・ウォズニアック著、井口耕二訳、ダイヤモンド社

『スティーブ・ジョブズ　無謀な男が真のリーダーになるまで　下』ブレント・シュレンダー、リック・テッツェリ著、井口耕二訳、日本経済新聞出版

『スティーブ・ジョブズ』Ⅰ・Ⅱ　ウォルター・アイザックソン著、井口耕二訳、講談社

『**インテルとともに　ゴードン・ムーア私の半導体人生**』玉置直司取材・構成、日本経済新聞社
『**カリスマ**』上・下　マイク・ウィルソン著、朽木ゆり子・椋田直子訳、ソフトバンククリエイティブ
『**アップル・コンフィデンシャル2.5J**』オーウェン・W・リンツメイヤー、林信行著、武舎広幸・武舎るみ翻訳協力、アスペクト
logmiBiz「**南カリフォルニア大学卒業式2016ラリー・エリソン**」
『**フェイスブック　若き天才の野望　5億人をつなぐソーシャルネットワークはこう生まれた**』デビッド・カークパトリック著、滑川海彦・高橋信夫訳、日経BP社
『**Facebook 世界を征するソーシャルプラットフォーム**』山脇伸介著、ソフトバンククリエイティブ
「**週刊東洋経済**」2018.5.19、東洋経済新報社
『**ジャスト・ドゥ・イット　ナイキ物語**』ドナルド・カッツ著、梶原克教訳、早川書房
『**SHOE DOG　靴にすべてを。**』フィル・ナイト著、大田黒奉之訳、東洋経済新報社
『**スノーボール　ウォーレン・バフェット伝**』上・下、アリス・シュローダー著、伏見威蕃訳、日本経済新聞出版社
『**ウォーレン・バフェット　自分を信じる者が勝つ!**』ジャネット・ロウ著、平野誠一訳、ダイヤモンド社
『**私のウォルマート商法　すべて小さく考えよ**』サム・ウォルトン著、渥美俊一、桜井多恵子監訳、講談社＋α文庫
『**ピーター・ティール　世界を手にした「反逆の起業家」の野望**』トーマス・ラッポルト著、赤坂桃子訳、飛鳥新社
『**成功はゴミ箱の中に　レイ・クロック自伝**』レイ・A・クロック、ロバート・アンダーソン著、野崎稚恵訳、プレジデント社

『アメリカン・ドリームの軌跡』Ｈ・Ｗ・ブランズ著、白幡憲之、鈴木佳子、外山恵理、林雅代訳、英治出版
『カーネル・サンダース　65歳から世界的企業を興した伝説の男』藤本隆一著、文芸社文庫
『ヴァージン　僕は世界を変えていく』リチャード・ブランソン著、植山周一郎訳、ＴＢＳブリタニカ
『スターバックス再生物語　つながりを育む経営』ハワード・シュルツ、ジョアンヌ・ゴードン著、月沢李歌子訳、徳間書店
『マスター・オブ・スケール　世界を制したリーダーが初めて明かす　事業拡大の最強ルール』リード・ホフマン、ジューン・コーエン、デロン・トリフ著、大浦千鶴子訳、マガジンハウス
『世界最強企業サムスン恐るべし！　なぜ、日本企業はサムスンに勝てないのか!?』北岡俊明、ディベート大学著、こう書房
『サムスン経営を築いた男：李健煕伝』洪夏祥著、宮本尚寛訳、日本経済新聞社
『李健煕　サムスンの孤独な帝王』李慶植著、福田恵介訳、東洋経済新報社
『インスタグラム―野望の果ての真実』サラ・フライヤー著、井口耕二訳、NewsPicksパブリッシング
「eビジネス新書週刊東洋経済　No.180　インスタグラムの流儀」東洋経済新報社
『ＩＫＥＡ　超巨大小売業、成功の秘訣』リュディガー・ユングブルート著、瀬野文教訳、日本経済新聞出版社
「マサチューセッツ工科大学卒業式２０１３ドリュー・ヒューストン」
「コードラン・ＩＴエンジニアが知っておきたいＩＴ偉人ドリュー・ヒューストン編」２０２０.２.22公開、２０２３.１.１更新

『トレイルブレイザー　企業が本気で社会を変える10の思考』マーク・ベニオフ、モニカ・ラングレー著、渡部典子訳、東洋経済新報社

『クラウド誕生　セールスフォース・ドットコム物語』マーク・ベニオフ、カーリー・アドラー著、齊藤英孝訳、ダイヤモンド社

『How Google Works（ハウ・グーグル・ワークス）　私たちの働き方とマネジメント』エリック・シュミット、ジョナサン・ローゼンバーグ、アラン・イーグル著、土方奈美訳、日経ビジネス人文庫

『ウォルト・ディズニー　創造と冒険の生涯』ボブ・トマス著、玉置悦子・能登路雅子訳、講談社

『イーロン・マスク　未来を創る男』アシュリー・バンス著、斎藤栄一郎訳、講談社

『孫正義　起業のカリスマ』大下英治著、講談社＋α文庫

『ジョブズ・ウェイ』ジェイ・エリオット、ウィリアム・L・サイモン著、中山宥訳、SBクリエイティブ

『アメリカン・ドリーム』マイケル・モーリッツ著、青木榮一訳、二見書房

『スティーブ・ジョブズの流儀』リーアンダー・ケイニー著、三木俊哉訳、武田ランダムハウスジャパン

『スティーブ・ジョブズ　偶像復活』ジェフリー・S・ヤング、ウィリアム・L・サイモン著、井口耕二訳、東洋経済新報社

『「オードリー・タン」の誕生　だれも取り残さない台湾の天才IT相』石崎洋司著、講談社

『オードリー・タン　デジタルとAIの未来を語る』オードリー・タン著、プレジデント書籍編集チーム編集、プレジデント社

桑原晃弥（くわばら・てるや）
1956年、広島県生まれ。経済・経営ジャーナリスト。慶應義塾大学卒。業界紙記者などを経てフリージャーナリストとして独立。トヨタ式の普及で有名な若松義人氏の会社の顧問として、トヨタ式の実践現場や、大野耐一氏直系のトヨタマンを幅広く取材、トヨタ式の書籍やテキストなどの制作を主導した。著書に『トヨタだけが知っている早く帰れる働き方』（文響社）、『スティーブ・ジョブズ名語録』（PHP研究所）、『ウォーレン・バフェットの「仕事と人生を豊かにする8つの哲学」』『トヨタ式5W1H思考』（以上、KADOKAWA）などがある。

仕事《しごと》の悩《なや》みをあの手《て》この手《て》で解決《かいけつ》する!
世界最高峰《せかいさいこうほう》CEO 43人《にん》の問題解決術《もんだいかいけつじゅつ》

2023年 4 月 3 日　初版発行

著／桑原《くわばら》 晃弥《てるや》

発行者／山下 直久

発行／株式会社KADOKAWA
〒102-8177　東京都千代田区富士見2-13-3
電話 0570-002-301（ナビダイヤル）

印刷所／大日本印刷株式会社

ISBN 978-4-04-606262-8　C0030